Pulte

Beteiligungsrechte des Betriebsrats außerhalb der Betriebsverfassung

Peter Pulte

Beteiligungsrechte des Betriebsrats außerhalb der Betriebsverfassung

Kompaktwissen für die Praxis

Dr. Peter Pulte
Professor an der Fachhochschule Gelsenkirchen

Verlag Personal, Recht, Management Ltd.

Bibliographische Information der deutschen Nationalbibliothek
Die Deutsche Nationalbibliothek verzeichnet diese Publikation in der Deutschen Nationalbibliographie; detaillierte bibliographische Daten sind im Internet über http://dnb.d-nb.de abrufbar.

Niederlassung Deutschland: Lindlaustr. 2a, 53842 Troisdorf

Umschlagskonzeption: Verlag Personal, Recht, Management Ltd.
Titelbild: © www.fotolia.de
Satz: Verlag Personal, Recht, Management Ltd.
Druck: Books on Demand GmbH, Norderstedt
Printed in Germany, September 2008

ISBN 978-3-941388-01-7

Vorwort

Die betriebliche Mitbestimmung der Arbeitnehmer regelt das Betriebsverfassungsgesetz. Darin ist die Zusammenarbeit zwischen Arbeitgeber, Belegschaften, Betriebsrat, Gewerkschaften und Vereinigungen des Arbeitgebers festgelegt. Es beinhaltet die Regelungen von der Wahl des Betriebsrats als Interessenvertretung der Arbeitnehmer über seine Aufgaben bis zu seinen Rechten. Geregelt werden darin im Einzelnen Informations-, Anhörungs- und Mitwirkungsrechte des Betriebsrats.

Neben den Regelungen im Betriebsverfassungsgesetz sind in zahlreichen anderen Gesetzen, Verordnungen und Anordnungen Rechte und Pflichten des Betriebsrates geregelt bzw. dessen Einbeziehung vorgesehen. In verschiedenen Gesetzen wird auch ausdrücklich darauf hingewiesen, dass durch die entsprechenden gesetzlichen Normen nicht die sonstigen Mitwirkungsrechte des Betriebsrates beeinträchtigt werden.

Nachfolgend wird eine neue Übersicht veröffentlicht, die nach Sachgebieten geordnet den wesentlichen Regelungsinhalt darstellt. Die Kenntnisse dieser gesetzlichen Bestimmungen ist nicht nur deshalb notwendig, um etwaige Gesetzesverstöße zu vermeiden, sondern vielmehr auch, um durch die Kenntnis und Befolgung der entsprechenden Vorschriften dem Ziel einer vertrauensvollen und partnerschaftlichen Zusammenarbeit näher zu kommen.

Inhaltsverzeichnis

Abkürzungsverzeichnis

AEntG	Arbeitnehmer-Entsendegesetz
AFG	Arbeitsförderungsgesetz
AktG	Aktiengesetz
AG	Aktiengesellschaft
ArbG	Arbeitsgericht
ArbGG	Arbeitsgerichtsgesetz
ArbNErfG	Arbeitnehmererfindungsgesetz
ArbPlSchG	Arbeitsplatzschutzgesetz
ArbSchG	Arbeitsschutzgesetz
ArbStättV	Arbeitsstättenverordnung
ArbZG	Arbeitszeitgesetz
Art.	Artikel
ASiG	Arbeitssicherheitsgesetz
AÜG	Arbeitnehmerüberlassungsgesetz
BAG	Bundesarbeitsgericht
BBiG	Berufsbildungsgesetz
BDSG	Bundesdatenschutzgesetz
BEEG	Bundeselterngeld- und Elternzeitgesetz
BetrAVG	Gesetz zur Verbesserung der betrieblichen Altersversorgung
BetrSichV	Betriebssicherheitsverordnung
BetrVG	Betriebsverfassungsgesetz
BGB	Bürgerliches Gesetzbuch
BPersVG	Bundespersonalvertretungsgesetz
BR	Betriebsrat
BUrlG	Bundesurlaubsgesetz
BZRG	Bundeszentralregistergesetz
DV	Durchführungsverordnung
EBRG	Gesetz über die Einrichtung Europäischer Betriebsräte
EFZG	Entgeltfortzahlungsgesetz
EStG	Einkommensteuergesetz
GBR	Gesamtbetriebsrat
GG	Grundgesetz
GmbH	Gesellschaft mit beschränkter Haftung
GVG	Gerichtsverfassungsgesetz
HAG	Heimarbeitsgesetz
HGB	Handelsgesetzbuch
JArbSchG	Jugendarbeitsschutzgesetz
KBR	Konzernbetriebsrat
KG	Kommanditgesellschaft
KSchG	Kündigungsschutzgesetz
LadSchlG	Ladenschlußgesetz
LärmVibrationsArbSchV	Lärm- und Vibrations-Arbeitsschutzverordnung
LAG	Landesarbeitsgericht

MitbestG	Mitbestimmungsgesetz
MitbestErgG	Mitbestimmungsergänzungsgesetz
MontanMitbestG	Montanmitbestimmungsgesetz
MontanMitbestErgG	Montanmitbestimmungsergänzungsgesetz
MuSchG	Mutterschutzgesetz
MuSchV	Mutterschutzverordnung
NachwG	Nachweisgesetz
OHG	Offene Handelsgesellschaft
RVO	Reichsversicherungsordnung
SchwarbG	Gesetz zur Bekämpfung der Schwarzarbeit
SGB III	Sozialgesetzbuch III (Arbeitsförderung)
SGB VII	Sozialgesetzbuch VII (Gesetzliche Unfallversicherung)
SGB IX	Sozialgesetzbuch IX (Rehabilitation und Teilhabe behinderter Menschen)
SprAuG	Sprecherausschußgesetz
TVG	Tarifvertragsgesetz
TzBfG	Teilzeit- und Befristungsgesetz
UmwG	Umwandlungsgesetz
VermBG	Vermögensbildungsgesetz
WO	Wahlordnung
ZPO	Zivilprozeßordnung

1 Allgemeine Gleichbehandlung

Das Allgemeine Gleichbehandlungsgesetz (AGG)[1] soll die ungerechtfertigte Benachteiligungen aus Gründen der „Rasse“, der ethnischen Herkunft, des Geschlechts, der Religion, der Weltanschauung, einer Behinderung, des Alters oder der sexuellen Identität verhindern und beseitigen. Zur Verwirklichung dieses Ziels erhalten die durch das Gesetz geschützten Personen Rechtsansprüche gegen Arbeitgeber und Private, wenn diese ihnen gegenüber gegen die gesetzlichen Diskriminierungsverbote verstoßen.

§ 13 AGG sieht das Recht der Beschäftigten vor, sich wegen einer eingetretenen Benachteiligung bei den zuständigen Stellen des Betriebs oder der Arbeitnehmervertretung zu beschweren. In § 13 Abs. II AGG wird hierzu klargestellt, dass Rechte der Arbeitnehmervertretungen, wie z.B. nach § 85 BetrVG, unberührt bleiben. Ob die Einrichtung einer Beschwerdestelle im Betrieb mitbestimmungspflichtig ist, ist noch streitig.

§ 17 I AGG enthält eine Aufforderung an die Tarifvertragsparteien, Arbeitgeber, Beschäftigte und deren Vertretungen, ihren Beitrag zur Verwirklichung des Ziels der Gleichbehandlung zu leisten. In Abs. II AGG wird den Betriebsräten und den im Betrieb vertretenen Gewerkschaften die Möglichkeit eröffnet, unter der Voraussetzung des § 23 III S. 1 BetrVG die dort genannten Rechte gerichtlich geltend zu machen. Liegt ein grober Verstoß des Arbeitgebers gegen Vorschriften des zweiten Abschnitts des AGG vor, können Betriebsräte oder im Betrieb vertretene Gewerkschaften eine erforderliche Handlung, Duldung oder Unterlassung des Arbeitgebers verlangen, um Benachteiligungen wirksam zu unterbinden.

---

[1] Gesetz zur Umsetzung europäischer Richtlinien zur Verwirklichung des Grundsatzes der Gleichberechtigung (Allgemeines Gleichbehandlungsgesetz – AGG) v. 14.08.2006 (BGBl. I S. 1897), zuletzt geändert d. G. v. 12.12.2007 (BGBl. I S. 2840)

2 Arbeitnehmererfindungen

Wird von einem Arbeitnehmer während des Bestehens eines Arbeitsverhältnisses eine Erfindung gemacht, greift das Arbeitnehmererfindungsgesetz (ArbNErfG)[2]. Es ist dabei gleichgültig, ob die Erfindung zu beruflichen oder privaten Zwecken gemacht worden ist (§ 4 ArbNErfG)!

Nach dem Arbeitnehmererfindungsgesetz darf sich der Arbeitgeber des Arbeitnehmererfinders - dessen dienstlich - unter Einschränkungen auch privat - entwickelten Erfindungen aneignen und diese verwerten. Der Arbeitgeber muss den Erfinder aber zum Ausgleich angemessen entschädigen.

§ 21 I ArbNErfG gibt dem Betriebsrat die Möglichkeit, durch Übereinkunft mit dem Arbeitgeber einen oder mehrere Erfinderberater zu bestellen. Eine Verpflichtung zur Bestellung eines Erfinderberaters besteht nicht und kann auch weder vom Arbeitgeber noch vom Betriebsrat erzwungen werden. Eine generelle Regelung zur Behandlung technischer Verbesserungsvorschläge ist durch eine Betriebsvereinbarung möglich. In § 20 II ArbNErfG knüpft das Gesetz an § 87 I Nr. 12 BetrVG an, wonach der Betriebsrat bei der Aufstellung der Grundsätze über das betriebliche Vorschlagswesen ein erzwingbares Mitbestimmungsrecht hat.

In § 21 II ArbNErfG sind einige Aufgaben des Erfinderberaters benannt. Dazu gehört die Unterstützung des Arbeitnehmers bei der Abfassung der in § 5 ArbNErfG geforderten Meldung bei Diensterfindungen bzw. der in § 18 ArbNErfG geforderten Mitteilung bei freien Erfindungen sowie die Mitwirkung bei Ermittlung einer angemessen Vergütung, wenn Arbeitnehmer und Arbeitgeber dies verlangen. Durch Übereinkunft zwischen Arbeitgeber und Betriebsrat können dem Erfinderberater aber auch weitere Aufgaben übertragen werden.

Eine generelle Regelung zur Behandlung technischer Verbesserungsvorschläge ist im übrigen durch eine Betriebsvereinbarung möglich. In § 20 Abs. 2 ArbNErfG knüpft das Gesetz an § 87 Abs. 1 Nr. 12 BetrVerfG an, wonach der Betriebsrat bei der Aufstellung der Grundsätze über das betriebliche Vorschlagswesen ein erzwingbares Mitbestimmungsrecht hat.

---

[2] Gesetz über Arbeitnehmererfindungen (ArbNErfG) v. 25.07.1957 BGBl I, 756); zuletzt geändert d. G. v. 18.01.2002 (BGBl. I S. 414)

3 Arbeitnehmerüberlassung

Bei der Arbeitnehmerüberlassung (Leiharbeit, Personalleasing, Zeitarbeit) wird ein Arbeitnehmer (Leiharbeitnehmer, Zeitarbeitnehmer) von seinem Arbeitgeber (Verleiher, Zeitarbeitsunternehmen) einem Dritten (Entleiher) zur Arbeitsleistung überlassen. Grundlage für die Tätigkeit der Zeitarbeitsunternehmen ist in Deutschland das Arbeitnehmerüberlassungsgesetz (AÜG)[3].

3.1 Betriebsverfassungsrechtliche Vertretung der Leiharbeitnehmer

Der Leiharbeitnehmer wird in den Betrieb des entleihenden Arbeitgebers nur in der Weise eingebunden, dass er seinen Weisungen folgen muss. Rechtlich bleiben sie Angehörige des entsendenden Betriebes (§ 14 I AÜG). Die Leiharbeitnehmer sind daher gem. § 14 II AÜG bei der Wahl der betriebsverfassungsrechtlichen Arbeitnehmervertretungen im Entleiherbetrieb nicht wählbar. Sie sind aber berechtigt, die Sprechstunden der Arbeitnehmervertretungen aufzusuchen und an den Betriebs- und Jugendversammlungen im Entleiherbetrieb teilzunehmen und gem. § 21 II AÜG die Mitwirkungs- und Beschwerderechte des einzelnen Arbeitnehmers (§§ 81, 82 I und §§ 84 bis 86 BetrVG) mit Ausnahme der Einsicht in die Personalakten wahrzunehmen.

3.2 Geltung von Betriebsvereinbarungen

Der Leiharbeitnehmer hat einen Anspruch darauf, dass ihm die wesentlichen Vertragspunkte in einer Urkunde mitgeteilt werden (§ 11 AÜG). Betriebsverfassungsrechtlich bedeutsam ist Ziffer 11, wonach der Leiharbeitnehmer darüber zu unterrichten ist, welche Betriebsvereinbarungen auf sein Arbeitsverhältnis anzuwenden sind.

3.3 Beteiligungsrechte des Betriebsrates

Aus § 14 III AÜG i.V.m. § 99 BetrVG ergibt sich ein Mitbestimmungsrecht des Betriebsrates des Entleiherbetriebes. Die Beteiligung muss vor der Übernahme des Leiharbeitnehmers zur Arbeitsleistung erfolgen. Der

[3] Gesetz zur Regelung der gewerblichen Arbeitnehmerüberlassung (Arbeitnehmerüberlassungsgesetz – AÜG) i. d. F. v. 3.02.1995 (BGBl I, 158), zuletzt geändert d. VO. v. 31.10.2006 (BGBl. I S. 2407)

Entleiher ist verpflichtet, dem Betriebsrat auch die schriftliche Erlaubnis des Verleihers zur gewerbsmäßigen Arbeitnehmerüberlassung nach § 12 I S. 2 AÜG vorzulegen. Er ist ferner verpflichtet, Mitteilungen des Verleihers, dass die Erlaubnis weggefallen ist, unverzüglich dem Betriebsrat bekannt zu geben.

4 Arbeitsförderung

Das Recht der Arbeitsförderung ist als Drittes Buch in das Sozialgesetzbuch eingegliedert[4]. Das Gesetz umfasst die Leistungen und Maßnahmen zur Arbeitsförderung, einschließlich der Leistungen zur beruflichen Rehabilitation. Das SGB III bildet die Grundlage für die Arbeit der Bundesanstalt für Arbeit, der Landesarbeitsämter und der Arbeitsämter. Mit den Regelungen zur Arbeitslosenversicherung ist das SGB III zugleich wesentlicher Bestandteil der Sozialversicherung.

Durch die im SGB III geregelten Leistungen der Arbeitsförderung soll vor allem der Ausgleich am Arbeitsmarkt unterstützt werden, indem Ausbildungs- und Arbeitsuchende über die Lage und Entwicklung des Arbeitsmarktes und der Berufe beraten werden.

4.1 Arbeitsbescheinigung

Bei Beendigung eines Beschäftigungsverhältnisses hat der Arbeitgeber alle Tatsachen zu bescheinigen, die für den Anspruch auf Arbeitslosengeld erheblich sein können (Arbeitsbescheinigung). Macht der Arbeitgeber geltend, die Arbeitslosigkeit sei Folge eines Arbeitskampfes, so hat er eine Stellungnahme der Betriebsvertretung beizufügen (§ 312 I SGB III). Der Arbeitgeber hat der Betriebsvertretung die hierfür erforderlichen Angaben zu machen.

4.2 Insolvenzeröffnung

Der Arbeitgeber ist verpflichtet, einen Beschluss des Insolvenzgerichts, mit dem ein Antrag auf Eröffnung des Insolvenzverfahrens über sein Vermögen mangels Masse abgewiesen worden ist, dem Betriebsrat oder, soweit ein Betriebsrat nicht besteht, den Arbeitnehmern unverzüglich bekannt zugeben (§183 IV SGB III).

4.3 Kurzarbeitergeld

Bei Anzeige und Antrag auf Kurzarbeitergeld ist der Anzeige des Arbeitsausfalls die Stellungnahme der Betriebsvertretung beizufügen (§ 173 I SGB III). Sie kann auch nachgeholt werden. Die Anzeige des Arbeitsaus-

---

[4] Sozialgesetzbuch III – Arbeitsförderung (SGB III) v. 24.03.1997 (BGBl I, 594), zuletzt geändert d. G. v. 28.05.2008 (BGBl. I S. 874)

falls und der Antrag auf Kurzarbeitergeld kann rechtswirksam nur vom Arbeitgeber oder von der Betriebsvertretung erstattet werden[5]. Macht der Arbeitgeber geltend, der Arbeitsausfall sei Folge eines Arbeitskampfes, so hat er dies glaubhaft darzulegen. Eine Stellungnahme der Betriebsvertretung ist beizufügen; der Arbeitgeber hat der Betriebsvertretung die für die Stellungnahme erforderlichen Angaben zu machen, § 174 II SGB III.

4.4 Transferkurzarbeitergeld

Die Transferkurzarbeit ist an die Stelle der früheren strukturellen Kurzarbeit getreten. Danach haben Arbeitnehmer Anspruch auf Kurzarbeitergeld zur Förderung der Eingliederung bei betrieblichen Restrukturierungen (Transferkurzarbeitergeld), wenn und solange sie von einem dauerhaften (infolge einer Betriebsänderung entfallen die Beschäftigungsmöglichkeiten für die Arbeitnehmer nicht nur vorübergehend) unvermeidbaren Arbeitsausfall mit Entgeltausfall betroffen sind, entsprechende betriebliche und persönliche Voraussetzungen erfüllt sind.

Bei Anzeige und Antrag auf Transferkurzarbeitergeld ist der Anzeige des Arbeitsausfalls ebenfalls die Stellungnahme der Betriebsvertretung beizufügen (§ 173 I SGB III).

4.5 Winter- und Winterausfallgeld

Winter- und Winterausfallgeld wird auf Antrag gewährt, § 323 II SGB III. Der Antrag ist vom Arbeitgeber mit einer Stellungnahme der Betriebsvertretung schriftlich bei der Agentur für Arbeit zu stellen. Den Antrag kann auch die Betriebsvertretung stellen. Anspruchsberechtigt für Wintergeld und Winterausfallgeld sind Bauarbeiter i. S. der Baubetriebe-Verordnung6. Winterausfallgeld wird nur gewährt, wenn der Anspruch auf Winterausfallgeld-Vorausleistungen erschöpft ist. Winterausfallgeld-Vorausleistungen wiederum sind Leistungen, die das Arbeitsentgelt bei witterungsbedingten Arbeitsausfällen in der Schlechtwetterzeit für mindestens 120 Stunden ersetzen, in angemessener Höhe im Verhältnis zum Winterausfallgeld stehen und durch Tarifvertrag, Betriebsvereinbarung oder Arbeitsvertrag geregelt sind (§ 211 III SGB III).

---

[5] Ziffer 5.1 Abs. 2 Sammelerlasses Kurzarbeitergeld der Bundesagentur für Arbeit

[6] BaubetriebeVO v. 28.10.1980 (BGBl I, 2033) i. d. F. des G. v. 15.12.1995 (BGBl I, 1809), zuletzt geändert d. VO v. 26.04.2006 (BGBl. I S. 1085)

4.6 Arbeitslosengeld (Unzumutbarkeit)

Arbeitnehmer, in betrieblicher Berufsbildung Beschäftigte und Heimarbeiter, die vorübergehend unfreiwillig keine oder lediglich eine kurzfristige Erwerbstätigkeit finden, werden während der Arbeitslosigkeit durch Arbeitslosengeld und Arbeitslosenhilfe wirtschaftlich abgesichert (§§ 117, 118, 190 SGB III). Voraussetzung hierfür ist u.a., dass der Arbeitslose der Arbeitsvermittlung zur Verfügung steht. Dies ist dann nicht der Fall, wenn der Arbeitslose eine von der Agentur für Arbeit vermittelte Beschäftigung ablehnt. Nur in Ausnahmefälle ist eine solche Ablehnung rechtmäßig. Die Rechtmäßigkeit richtet sich nach der Zumutbarkeitsanordnung[7], wonach gem. § 5 u.a. dann eine angebotene Beschäftigung unzumutbar und somit abgelehnt werden kann, wenn in einer Betriebsvereinbarung festgelegte Bestimmungen über Arbeitsbedingungen (z.B. des Arbeitsschutzes) nicht eingehalten werden.

[7] Anordnung des Verwaltungsrates der Bundesanstalt für Arbeit über die Beurteilung der Zumutbarkeit einer Beschäftigung (Zumutbarkeits-Anordnung) v. 16.03.1982 (ANBA 1982, S. 523)

5 Arbeitsgerichtsverfahren

Das Arbeitsgerichtsgesetz (ArbGG) regelt das Verfahren vor den Gerichten für Arbeitssachen. Arbeitsrechtliche Streitigkeiten werden entweder im Urteils- oder Beschlussverfahren verhandelt.

Im Urteilsverfahren werden insbesondere Rechtsstreitigkeiten zwischen Arbeitnehmern und Arbeitgebern aus dem Arbeitsverhältnis und den hiermit im Zusammenhang stehenden Ansprüchen entschieden. Hierzu zählen insbesondere Kündigungsschutz- und Entgeltzahlungsklagen.

Das Beschlussverfahren findet vor allem in Streitigkeiten aus dem Betriebsverfassungsgesetz und den meisten Streitigkeiten aus dem Mitbestimmungsgesetz statt.

Für das arbeitsgerichtliche Beschlussverfahren ist das Arbeitsgericht gem. § 82 ArbGG[8] zuständig, in dessen Bezirk der Betrieb liegt. In Angelegenheiten des Gesamtbetriebsrats, des Konzernbetriebsrats, der Gesamtjugendvertretung oder der Gesamtjugend- und Auszubildendenvertretung, des Wirtschaftsausschusses und der Vertretung der Arbeitnehmer im Aufsichtsrat ist das Arbeitsgericht zuständig, in dessen Bezirk das Unternehmen seinen Sitz hat.

[8] Arbeitsgerichtsgesetz (ArbGG) i.d.F. v. 2.07.1979 (BGBl I, 1036, 853), zuletzt geändert d. G. v. 16.05.2008 (BGBl. I S. 842)

6 Arbeits- und Gesundheitsschutz

Für die Einhaltung des Arbeitsschutzes einschließlich des Gesundheitsschutzes der Arbeitnehmer ist der Unternehmer verantwortlich. Er hat gefährdungsfreie und möglichst erschwernisarme Arbeitsbedingungen zu gewährleisten. Detaillierte Vorgaben sind insbes. im Arbeitsschutzgesetz, in der Arbeitsstättenordnung und in der Gefahrstoffverordnung enthalten. Aber auch dem Betriebsrat sind Mitwirkungsrechte beim Arbeits- und Gesundheitsschutz eingeräumt worden.

6.1 Erst-Helfer

Der Arbeitgeber hat entsprechend der Art der Arbeitsstätte und der Tätigkeiten sowie der Zahl der Beschäftigten die Maßnahmen zu treffen, die zur Ersten Hilfe, Brandbekämpfung und Evakuierung der Beschäftigten erforderlich sind. Er hat auch dafür zu sorgen, dass im Notfall die erforderlichen Verbindungen zu außerbetrieblichen Stellen, insbesondere in den Bereichen der Ersten Hilfe, der medizinischen Notversorgung, der Bergung und der Brandbekämpfung eingerichtet sind. Vor der Benennung zuständigen Beschäftigten zu Erst-Helfern muss der Betriebsrat angehört werden (§ 10 II ArbSchG)[9].

6.2 Bergbau

Der Unternehmer hat gem. § 6 III ABBergV[10] den Betriebsrat zu allen Aktivitäten anzuhören, die Auswirkungen auf die Sicherheit und die Gesundheit der Beschäftigten haben können.

6.3 Schutz der Mütter am Arbeitsplatz

Der Arbeitgeber ist verpflichtet, u.a. den Betriebs- oder Personalrat über die Ergebnisse der Gefahrenbeurteilung nach § 2 der Verordnung zum

---

[9] Gesetz über die Durchführung von Maßnahmen des Arbeitsschutzes zur Verbesserung der Sicherheit und des Gesundheitsschutzes der Beschäftigten bei der Arbeit (Arbeitsschutzgesetz - ArbSchG) v. 7.8.1996 (BGBl I S. 1246), zuletzt geändert d. G. v. 08.04.2008 (BGBl. I S. 706)

[10] Bergverordnung für alle bergbaulichen Bereiche (Allgemeine Bundesbergverordnung – ABBergV) v. 23.10.1995 (BGBl. I, 1466), geändert d. VO v. 10.8.1998 (BGBl I, 2093)

Schutz der Mütter am Arbeitsplatz[11] zu unterrichten und diese über die zu ergreifenden Maßnahmen für Sicherheit und Gesundheitsschutz am Arbeitsplatz zu unterrichten.

6.4 Jugendarbeitsschutz

Jeder jugendliche Arbeitnehmer ist verpflichtet, dem Arbeitgeber nach Ablauf eines Jahres seit Beginn seiner Beschäftigung eine Bescheinigung über eine ärztliche Nachuntersuchung vorzulegen. Geschieht dies nicht, so hat ihn der Arbeitgeber gem. § 33 II JArbSchG[12] schriftlich zur Vorlage dieser Bescheinigung aufzufordern. Von dieser Aufforderung hat der Arbeitgeber dem Betriebs- oder Personalrat eine Durchschrift zuzusenden.

6.5 Biologische Arbeitsstoffe

Der Arbeitgeber hat Gefährdungsbeurteilungen gem. § 8 der BioStoffV[13] durchzuführen und hieran u.a. den Betriebs- oder Personalrat zu beteiligen. Zudem ist der Betriebs- oder Personalrat gem. § 12 IV BioStoffV über Betriebsstörungen, welche die Sicherheit oder Gesundheit der Beschäftigten gefährden können, und über Unfälle unverzüglich zu unterrichten. Dem Betriebs- oder Personalrat sind die in § 13 I – III BioStoffV genannten Angaben zur Verfügung zu stellen. Hat der Arbeitgeber im Rahmen einer arbeitsmedizinischen Vorsorgeuntersuchung eine Empfehlung zur Arbeitsplatzüberprüfung erhalten, so hat er dies u.a. dem Betriebs- oder Personalrat mitzuteilen (§ 15a VII BioStoffV).

---

[11] Verordnung zum Schutze der Mütter am Arbeitsplatz v. 15.04.1997 (BGBl I 782), zuletzt geändert d. G. v. 31.10.2006 (BGBl. I S. 2407)

[12] Gesetz zum Schutz der arbeitenden Jugend (Jugendarbeitsschutzgesetz – JArbSchG) v. 12.4.1976 (BGBl I S. 965), zuletzt geändert d. G. v. 31.10.2006 (BGBl. I S. 2407)

[13] Verordnung über Sicherheit und Gesundheitsschutz bei Tätigkeiten mit biologischen Arbeitsstoffen (Biostoffverordnung – BioStoffV) v. 27.1.1999 (BGBl I, 50), zuletzt geändert d. VO v. 03.06.2007 (BGBl. I S. 261)

6.6 Gesetzliche Unfallversicherung

6.6.1 Bestellung von Sicherheitsbeauftragten

§ 22 I SGB VII[14] normiert eine Beteiligung des Betriebsrates bei der Bestellung von Sicherheitsbeauftragten. Dies beinhaltet eine Erörterung der Frage, wer in welchen Betriebsbereichen als Sicherheitsbeauftragter bestellt wird. Ob dies auch für die Abberufung gilt, ist streitig, aber wohl zu bejahen, da die Interessen der Gesamtbelegschaft, deren Schutz das Beteiligungsrecht bei der Bestellung bezweckt, durch die Abberufung in gleicher Weise betroffen werden wie durch die Bestellung.

6.6.2 Verwaltungsvorschriften

Gem. § 20 SGB VII wird durch allgemeine Verwaltungsvorschriften u.a. das Zusammenwirken der Unfallversicherungsträger mit den Betriebsräten oder Personalräten geregelt.

6.6.3 Unfallanzeige

Jeder Unfall in einem Betrieb ist nach § 193 SGB VII anzuzeigen, wenn durch den Unfall ein im Betrieb Beschäftigter getötet oder so verletzt ist, dass er stirbt oder für mehr als drei Tage völlig oder teilweise arbeitsunfähig wird. Die Unfallanzeige ist vom Betriebs- oder Personalrat mit zu unterzeichnen. Die Vorschriften über die Unfallanzeige gelten nach § 193 II SGB VII entsprechend, wenn im Einzelfall Anhaltspunkte für eine Berufskrankheit vorliegen. Bei den genannten Auskünften über gefährdende Tätigkeiten von Versicherten besteht ein Recht des Betriebsrates auf Unterrichtung über das Auskunftsersuchen. Ist die Unfallanzeige durch Datenübertragung erstattet, ist in ihr anzugeben, welches Mitglied des Betriebs- oder Personalrats vor der Absendung von ihr Kenntnis genommen hat (§ 5 III UVAV[15]).

---

[14] Siebtes Buch Sozialgesetzbuch – Gesetzliche Unfallversicherung (SGB VII) v. 7.8.1996 (BGBl. I 1254), zuletzt geändert d. G. v. 16.05.2008 (BGBl. I S. 842)

[15] Verordnung über die Anzeige von Versicherungsfällen in der gesetzlichen Unfallversicherung (Unfallversicherungs-Anzeigeverordnung – UVAV) vom 23.01.2002, zuletzt geändert durch VO vom 27.11.2003 (BGBl. I S. 2304)

6.7 Arbeitssicherheitsgesetz

Das „Gesetz über Betriebsärzte, Sicherheitsingenieure und andere Fachkräfte für Arbeitssicherheit“ (Arbeitssicherheitsgesetz/ ASiG)[16] bestimmt, dass der Unternehmer zur Unterstützung seiner Aufgaben auf dem Gebiet des Arbeitsschutzes und der Unfallverhütung Betriebsärzte und Fachkräfte für Arbeitssicherheit zu bestellen hat. Im Einzelnen wird festgelegt, welche Aufgaben diese Personen haben, welchen Anforderungen sie genügen müssen, wie sie miteinander, mit sonstigen Beauftragten des Arbeitgebers und dem Betriebsrat zusammenarbeiten sollen, und dass ein Arbeitsschutzausschuss zu bilden ist.

6.7.1 Bestellung mit Zustimmung des Betriebsrats

Zur Bestellung und Abberufung der Betriebsärzte und Fachkräfte für Arbeitssicherheit ist die Zustimmung des Betriebsrats erforderlich (§ 9 III ASiG). Kommt eine Einigung zwischen Arbeitgeber und Betriebsrat nicht zustande, kann von beiden Seiten die betriebliche Einigungsstelle angerufen werden. Das gleiche gilt, wenn deren Aufgaben erweitert oder eingeschränkt werden sollen. § 9 III S. 3 ASiG enthält ein Anhörungsrecht des Betriebsrates, wenn ein Freiberufler oder ein überbetrieblicher Dienst verpflichtet werden soll.

6.7.2 Zusammenarbeit mit dem Betriebsrat

§ 9 ASiG schreibt eine Zusammenarbeit der Betriebsärzte und Fachkräfte für Arbeitssicherheit mit dem Betriebsrat vor. Diese Zusammenarbeit besteht darin, dass die Sicherheitsfachkräfte und Betriebsärzte den Betriebsrat über festgestellte Mängel und geplante Arbeitsschutzmaßnahmen unterrichten und Arbeitsschutzfragen mit ihm beraten. Ist ein Betriebsrat der Ansicht, dass er in wichtigen Angelegenheiten des Arbeitsschutzes nicht unterrichtet wird, kann er sich auch unmittelbar an den Arbeitgeber wenden, damit dieser die Sicherheitsfachkraft oder den Betriebsarzt anweist, seiner Unterrichtungspflicht zu genügen. Weigert sich der Arbeitgeber, eine entsprechende Weisung zu erteilen, kann der Betriebsrat die zuständige Behörde einschalten. Die Behörde kann dann aufgrund des § 12 ASiG dem Arbeitgeber die Maßnahmen auferlegen, die er gegenüber der Sicherheitsfachkraft oder dem Betriebsarzt zu treffen hat.

---

[16] Gesetz über Betriebsärzte, Sicherheitsingenieure und andere Fachkräfte für Arbeitssicherheit v. 12.12.1973 (BGBl. I 1885) zuletzt geändert d. G. v. 25.11.2003 (BGBl. I S. 2304)

6.7.3 Unterrichtung des Betriebsrats

Sicherheitsfachkräfte und Betriebsärzte sind fachlich weisungsfrei (§ 8 I ASiG). Auch der Leiter des Betriebes, dem die Sicherheitsfachkräfte / Betriebsärzte unterstellt sind, darf ihnen keine fachlichen Weisungen erteilen. Gelingt es der Sicherheitsfachkraft / Betriebsarzt nicht, den Leiter des Betriebes hinsichtlich einer Maßnahme zu überzeugen, so können sie sich direkt an den Arbeitgeber wenden. Wenn der Arbeitgeber einen Vorschlag ablehnt, so muss er dies der Sicherheitsfachkraft / Betriebsarzt schriftlich mitteilen. Der Betriebsrat erhält eine Abschrift der Ablehnung mit der Begründung § (8 III ASiG).

6.7.4 Arbeitsschutzausschuss

Nach § 11 ASiG hat in Betrieben, in denen Betriebsärzte oder Fachkräfte für Arbeitssicherheit bestellt sind, der Arbeitgeber einen Arbeitsschutzausschuss zu bilden. Dieser Ausschuss setzt sich unter anderen aus zwei vom Betriebsrat bestimmten Betriebsratsmitgliedern zusammen. Der Arbeitsschutzausschuss hat die Aufgabe, in Anliegen des Arbeitsschutzes und der Unfallverhütung zu beraten.

6.7.5 Behördliche Anordnungen

Die zuständige Behörde kann gem. § 12 ASiG im Einzelfall anordnen, welche Maßnahmen der Arbeitgeber zur Erfüllung der sich aus diesem Gesetz und den die gesetzlichen Pflichten näher bestimmenden Rechtsverordnungen und Unfallverhütungsvorschriften ergebenden Pflichten, insbesondere hinsichtlich der Bestellung von Betriebsärzten und Fachkräften für Arbeitssicherheit, zu treffen hat. Die Behörde hat, bevor sie eine Anordnung trifft, nach Abs. IV auch den Betriebsrat zu hören und mit ihm zu erörtern, welche Maßnahmen angebracht erscheinen. Die getroffenen Anordnungen müssen dem Betriebsrat schriftlich mitgeteilt werden.

6.8 Prävention

Das Betriebliche Eingliederungsmanagement ist eine Aufgabe des Arbeitgebers. Ziel des Betrieblichen Eingliederungsmanagements ist es, Arbeitsunfähigkeit möglichst zu überwinden, erneuter Arbeitsunfähigkeit vorzubeugen und den Arbeitsplatz des betroffenen Beschäftigten zu erhalten. Im weiten Sinne geht es um ein betriebliches Gesundheitsmanagement zum Schutz der Gesundheit der Belegschaft.

Der Arbeitgeber hat nach § 84 I SGB IX[17] bei Eintreten von personen-, verhaltens- oder betriebsbedingten Schwierigkeiten im Arbeits- oder sonstigen Beschäftigungsverhältnis, die zur Gefährdung dieses Verhältnisses führen können, möglichst frühzeitig u.a. den Betriebsrat einzuschalten, um zu beraten, wie die Schwierigkeiten beseitigt werden können.

Sind Beschäftigte länger als sechs Wochen oder wiederholt arbeitsunfähig, klärt der Arbeitgeber bei schwerbehinderten Menschen mit der Schwerbehindertenvertretung, ansonsten mit dem Betriebsrat, wie die Arbeitsunfähigkeit möglichst überwunden werden und mit welchen Leistungen oder Hilfen erneuter Arbeitsunfähigkeit vorgebeugt und der Arbeitsplatz erhalten werden kann („betriebliches Eingliederungsmanagement“). Schwerbehindertenvertretung und Betriebsrat sind berechtigt, vom Arbeitgeber die Klärung zu verlangen (§ 84 II SGB IX).

Das Betriebliche Eingliederungsmanagement gilt nicht nur für die schwerbehinderten und gleichgestellten Beschäftigten – die Regelung findet auf alle Mitarbeiter des Betriebes Anwendung und gilt grundsätzlich für alle Arbeitgeber.

6.9 Zusammenwirken der Träger der Unfallversicherung mit den Betriebsvertretungen

§ 20 SGB VII regelt die Zusammenarbeit der Unfallversicherungsträger mit den für den Arbeitsschutz zuständigen Landesbehörden. Diese arbeiten bei der Überwachung der Unternehmen eng zusammen und fördern den Erfahrungsaustausch. Sie unterrichten sich gegenseitig über durchgeführte Betriebsbesichtigungen und deren wesentliche Ergebnisse. Nach § 20 III SGB VII wird durch eine allgemeine Verwaltungsvorschrift[18] das Zusammenwirken der Unfallversicherungsträger mit den Betriebs- oder Personalräten geregelt.

Die technischen Aufsichtsbeamten müssen hiernach auf dem Gebiet der Unfallverhütung und Ersten Hilfe mit den Betriebsvertretungen (Betriebs-

---

[17] Sozialgesetzbuch SGB) Neuntes Buch (IX) – Rehabilitation und Teilhabe behinderter Menschen – v. 19.06.2001 (BGBl. I S. 1046), zuletzt geändert d. G. v. 18.12.2007 (BGBl. I S. 2984)

[18] Allgemeine Verwaltungsvorschrift über das Zusammenwirken der technischen Aufsichtsbeamten der Träger der Unfallversicherung mit den Betriebsvertretungen v. 21.06.1968 (BAnz. Nr. 116 v. 21.06.1968), geändert d. AVV v. 28.11.1977 (BAnz. 1977 Nr. 225)

räten, Bordvertretungen, Seebetriebsräten, Personalvertretungen) eng zusammenwirken. Dies geschieht u.a. durch einen Informationsaustausch mit den Betriebsvertretungen (§ 3); durch Hinzuziehung der Betriebsvertretungen bei Betriebsbesichtigungen und Unfalluntersuchungen (§ 4); die Unterrichtung über eingegangene Unfallanzeigen (§ 5) und über Fortbildungsmaßnahmen (§ 6).

6.10 Gefahrstoffe

Nach § 19 III Nr. 13 ChemG[19] wird die Bundesregierung ermächtigt, durch Rechtsverordnung zu bestimmen, dass der Arbeitgeber dem Betriebsrat Vorgänge mitzuteilen hat, die er erfahren muss, um seine Aufgaben erfüllen zu können. Auf dieser Rechtsgrundlage sieht die Gefahrstoffverordnung[20] vor:

6.10.1 Anhörungsrechte des Betriebsrats

Gem. § 11 III GefStoffV sind bei bestimmten Tätigkeiten, bei denen die Möglichkeit einer beträchtlichen Erhöhung der Exposition der Beschäftigten durch krebserzeugende, erbgutverändernde oder fruchtbarkeitsgefährdende Gefahrstoffe vorherzusehen ist und bei denen jede Möglichkeit weiterer technischer Schutzmaßnahmen zur Begrenzung dieser Exposition bereits ausgeschöpft wurde, vom Arbeitgeber nach Konsultierung der Beschäftigten oder ihrer Vertreter (Betriebs- oder Personalrat) in dem Unternehmen oder Betrieb die erforderlichen Maßnahmen zu ergreifen, um die Dauer der Exposition der Beschäftigten so weit wie möglich zu verkürzen und den Schutz der Beschäftigten während dieser Tätigkeiten zu gewährleisten.

Nach § 14 IV GefStoffV hat der Arbeitgeber bei Tätigkeiten mit krebserzeugenden, erbgutverändernden oder fruchtbarkeitsgefährdenden Gefahrstoffen zu gewährleisten, dass die Beschäftigten und ihre Vertreter (Betriebs- oder Personalrat) nachprüfen können, ob die Bestimmungen dieser Verordnung Anwendung finden. Zudem sind sie bei einer erhöhten Exposition unverzüglich zu unterrichten und über die Ursachen sowie über die bereits durchgeführten oder noch durchzuführenden Gegenmaßnahmen zu

[19] Gesetz zum Schutz vor gefährlichen Stoffen (Chemikaliengesetz – ChemG) i. d. F. v. 20.06.2002 (BGBl. I S. 2090), zuletzt geändert d. G. v. 20.05.2008 (BGBl. I S. 922)

[20] Gefahrstoffverordnung vom 23.12.2004 (BGBl. I S. 3758, 3759), zuletzt geändert durch VO v. 12.10.2007 (BGBl. I S. 2382)

informieren. Ihnen ist Zugang zu den nicht personenbezogenen Informationen allgemeiner Art zu gewähren.

6.10.2 Gesundheitsschädigungen

Der Arbeitgeber hat nach § 19 I GefStoffV der zuständigen Behörde unverzüglich eine Mitteilung zu erstatten über jeden Unfall und jede Betriebsstörung, die bei Tätigkeiten mit Gefahrstoffen zu einer ernsten Gesundheitsschädigung der Beschäftigten geführt haben, oder über Krankheits- und Todesfälle, bei denen konkrete Anhaltspunkte für eine Verursachung durch die Tätigkeit mit Gefahrstoffen bestehen, mit der genauen Angabe der Tätigkeit und der Gefährdungsbeurteilung. Der Arbeitgeber hat den betroffenen Beschäftigten oder, wenn ein Betriebs- oder Personalrat vorhanden ist, diesem Abdrucke der Mitteilungen zur Kenntnis zu geben.

6.10.3 Arbeitsmedizinische Untersuchungen

Ist dem Arbeitgeber bekannt, dass bei einem Beschäftigten aufgrund der Arbeitsplatzbedingungen gesundheitliche Bedenken gegen die weitere Ausübung der Tätigkeit bestehen, hat er unverzüglich zusätzliche Schutzmaßnahmen zu treffen (§ 16 V GefStoffV). Hierzu zählt auch die Möglichkeit, dem Beschäftigten eine andere Tätigkeit zuzuweisen, bei der keine Gefährdung durch eine weitere Exposition besteht. Er hat dies dem Betriebs- oder Personalrat und der zuständigen Behörde mitzuteilen und die Gefährdungsbeurteilung zu wiederholen.

6.10.4 Asbesttätigkeiten

Nach Anhang III Nr. 2.4.2 der GefStoffV müssen Tätigkeiten bei denen die Beschäftigten Asbeststaub oder Staub von asbesthaltigen Materialien ausgesetzt sind oder ausgesetzt sein können der zuständigen Behörde mitgeteilt werden. Der Arbeitgeber hat den Beschäftigten und dem Betriebs- oder Personalrat Einsicht in die Mitteilung zu gewähren.

6.11 Lärm- und Vibrationsschutz

Die LärmVibrationsArbSchV[21] gilt zum Schutz der Beschäftigten vor tatsächlichen oder möglichen Gefährdungen ihrer Gesundheit und Sicherheit durch Lärm oder Vibrationen bei der Arbeit.

Ist dem Arbeitgeber bekannt, dass bei einem Beschäftigten auf Grund der Arbeitsplatzbedingungen gesundheitliche Bedenken gegen die weitere Ausübung der Tätigkeit bestehen, hat er unverzüglich zusätzliche Schutzmaßnahmen zu treffen. Hierzu zählt auch die Möglichkeit, dem Beschäftigten eine andere Tätigkeit zuzuweisen, bei der keine Gefährdung durch eine weitere Exposition besteht. Er hat dies dem Betriebs- oder Personalrat mitzuteilen und die Gefährdungsbeurteilung zu wiederholen (§ 14 V LärmVibrationsArbSchV)

6.12 Gentechnik

In § 12a GenTSV[22] werden allgemeine Regelungen über die Rechte des Betriebsrates getroffen. Ihm sind die im Absatz 1 genannten Informationen zu erteilen und er hat gem. Abs. 2 das Recht, zusätzliche Schutzmaßnahmen vorzuschlagen. Des weiteren wird klargestellt, dass die Rechte des Betriebsrates nach anderen Vorschriften nicht durch die GenTSV beschränkt werden, und dass die Beteiligungsrechte nur für Betroffene, die unter der Betriebsverfassungsgesetz fallen, gelten. Vom Informationsrecht erfasst werden Mitteilungen über die Risiken, die mit der gentechnischen Arbeit verbunden sind, sowie die zu treffenden Sicherheitsmaßnahmen. Falls der Arbeitgeber verpflichtet ist, Schutzausrüstungen zur Verfügung zu stellen, muss dem Betriebsrat mitgeteilt werden, weshalb die jeweiligen Schutzausrüstungen gewählt wurden und wann sie zu benutzen sind. Der Betriebsrat ist auch im Falle einer Betriebsstörung oder im Hinblick auf Maßnahmen, die unmittelbar nach der Betriebsstörung getroffen wurden bzw. die nach der Überprüfung des Arbeitsplatzes aufgrund einer Vorsorgeuntersuchung getroffen werden, zu unterrichten.

---

[21] Verordnung zum Schutz der Beschäftigten vor Gefährdungen durch Lärm und Vibrationen (Lärm- und Vibrations-Arbeitsschutzverordnung – LärmvibrationsArbSchV) v. 6.03.2007 (BGBl. I S. 261)

[22] Gentechnik-Sicherheitsverordnung (GenTSV) i.d.F. v. 14.03.1995 (BGBl. I S. 297), zuletzt geändert durch VO v. 06.03.2007 (BGBl. I S. 261)

6.13 Störfälle

Ziel der Störfall-Verordnung[23] ist es, den Schutz von Mensch und Umwelt vor den Folgen von Störfällen bei überwiegend industriellen Tätigkeiten zu gewährleisten.Dies sind z.B. Industriestandorte mit Produktionsanlagen der Chemischen Industrie sowie Lageranlagen, in denen gefährliche Stoffe oberhalb einer festgelegten Mengenschwelle vorhanden sind oder vorhanden sein können. Die Betreiber solcher Betriebsbereiche sind durch die Störfall-Verordnung verpflichtet Sicherheitsvorkehrungen zu treffen, um Störfälle von vornherein zu verhindern bzw. deren Auswirkungen auf den Menschen und die Umwelt so gering wie möglich zu halten.

Der Betreiber hat der zuständigen Behörde den Eintritt eines Störfalls (§ 11 I Nr. 1 - 12. BImSchV) oder eine Störung des bestimmungsgemäßen Betriebs, bei dem außerhalb der Anlage Schäden eingetreten sind oder Gefahren für die Allgemeinheit oder die Nachbarschaft nicht offensichtlich ausgeschlossen werden können, unverzüglich mitzuteilen. Nach § 11 IV - 12. BImSchV steht dem Betriebsrat über die genannten Mitteilungen ein Unterrichtungsrecht zu. Außerdem kann er verlangen, dass ihm eine Abschrift der schriftlichen Bestätigung der Mitteilung ist ihm auf Verlangen zu überlassen.

6.14 Strahlenschutz

Personen, die beruflich besonders strahlenexponierten Arbeitsvorgängen ausgesetzt sind, sind über das Strahlenrisiko aufzuklären. Der Betriebsrat oder der Personalrat sind zu beteiligen (§ 58 III StrlSchV)[24].

6.15 Unfallverhütungsvorschriften

Die Berufsgenossenschaften erlassen Unfallverhütungsvorschriften, die für die Betriebe verbindlich sind. Sie definieren Sicherheitsanforderungen an die betrieblichen Einrichtungen und Arbeitsverfahren sowie an Verhaltensweisen und an die Arbeitsschutzorganisation.

---

[23] Störfall - Verordnung i d. F. v. 08.06.208 (BGBl. I 1598),

[24] Verordnung über den Schutz vor Schäden durch ionisierende Strahlen (Strahlenschutzverordnung - StrlSchV) i. d. F. v. 20.07.2001 (BGBl I S. 1714), zuletzt geändert d. G v. 13.12.2007 (BGBl. I S. 2930)

6.15.1 Ausnahmeregelungen

Der Unternehmer hat zur Verhütung von Arbeitsunfällen Einrichtungen, Anordnungen und Maßnahmen zu treffen, die den Bestimmungen der Unfallverhütungsvorschriften und den allgemein anerkannten sicherheitstechnischen und arbeitsmedizinischen Regeln entsprechen. Nach § 14 BGV A1[25] kann der Unternehmer bei der Berufsgenossenschaft im Einzelfall Ausnahmen von Unfallverhütungsvorschriften schriftlich beantragen. Dem Antrag ist eine Stellungnahme der betrieblichen Arbeitnehmervertretung beizufügen.

6.15.2 Arbeitsmedizinische Vorsorge

Hat bei einer arbeitsmedizinischen Untersuchung der Arzt im Falle gesundheitlicher Bedenken Empfehlungen zur Arbeitsplatzüberprüfung ausgesprochen, so ist gem. § 12 III BGV A4[26] der Betriebsrat hiervon durch den Unternehmer zu unterrichten.

Der Unternehmer hat der Berufsgenossenschaft spätestens bis zum 30. Juni des folgenden Jahres über jeden Versicherten, der Tätigkeiten an Arbeitsplätzen mit Überschreiten der Auslöseschwelle für krebserzeugende Gefahrstoffe ausgeübt hat, Mitteilung zu machen und den Betriebsrat gem. § 13 II BGV A4 hierüber zu informieren.

6.15.3 Desinfektionsarbeiten

Nach 4.7.3 der BGR 206[27] hat der Unternehmer den Betriebsrat nach § 21 GefahrStoffV bei der Ermittlung und Beurteilung der gesundheitlichen Risiken der von ihm in Aussicht genommenen Verfahren sowie bei der Regelung von Schutzmaßnahmen zu unterrichten. Bei der Auswahl persönlicher Schutzmittel und Ausrüstungen sowie bei der Festlegung von Anweisungen, die sich an die Arbeitnehmer richten, ist der Personal- bzw. Betriebsrat zu beteiligen.

---

[25] BGV A1 „ Grundsätze der Prävention“ v. 1. Januar 2004

[26] Unfallverhütungsvorschrift Arbeitsmedizinische Vorsorge (BGV A4) v. 30. Januar 1999

[27] Berufsgenossenschaftliche Regeln "Gesundheitsdienst und Wohlfahrtspflege" (BGR 206) der BGZ „Desinfektionsarbeiten im Gesundheitsdienst“ v. Juli 1999

6.15.4 persönliche Schutzausrüstung gegen Ertrinken

Nach 4.4.2.1 der BGR 201[28] sollen zur Auswahl persönlicher Schutzausrüstungen gegen Ertrinken diese im zu erwartenden Einsatzbereich erprobt werden. Dabei sollen Unternehmer, Führungskräfte, Fachkräfte für Arbeitssicherheit, Betriebsärzte, Betriebsräte, Sicherheitsbeauftragte und Versicherte zusammenwirken.

6.15.5 Benutzung von Augen- und Gesichtsschutz

Nach 3.2.2.1 der BGR 192[29] sollen der vorgesehenen Augen- und Gesichtsschutz vor Ort erprobt werden. Bei der Auswahl sollen Unternehmer, Führungskräfte, Fachkräfte für Arbeitssicherheit, Betriebsärzte, Betriebsräte, Sicherheitsbeauftragte und die Träger der Augenschutzgeräte zusammenwirken.

---

[28] Berufsgenossenschaftliche Regeln „Einsatz von persönlichen Schutzausrüstungen gegen Ertrinken“ (BGR 201) v. Oktober 1994, aktualisiert 1996

[29] Berufsgenossenschaftliche Regeln „Benutzung von Augen- und Gesichtsschutz“ (BGR 192) v. Juli 2001, aktualisiert im Februar 2006

7 Arbeitsunfähigkeit

Die stufenweise Wiedereingliederung dient dazu, arbeitsunfähige Versicherte nachlänger andauernder, schwerer Krankheit schrittweise an die volle Arbeitsbelastung am bisherigen Arbeitsplatz heranzuführen und so den Übergang zur vollen Berufstätigkeit zu erleichtern. Durch die Steigerung von Arbeitszeit und Arbeitsbelastung im Rahmen eines medizinisch, arbeitsphysiologisch und psychologisch begründeten sowie ärztlich überwachten Stufenplans wird angestrebt, den Rehabilitationsprozess günstig zu beeinflussen.

Die Richtlinien des Bundesausschusses der Ärzte und Krankenkassen über die Arbeitsunfähigkeit beschäftigen sich auch mit "Grundsätzen der stufenweisen Wiedereingliederung"[30]. Hier heißt es u. a., dass die stufenweise Wiedereingliederung eine vertrauensvolle Zusammenarbeit zwischen Versichertem, behandelndem Arzt, Arbeitgeber, Arbeitnehmervertretung, Betriebsarzt, Krankenkasse sowie ggf. dem Medizinischen Dienst auf der Basis der vom behandelnden Arzt unter Beachtung seiner Schweigepflicht gegebenen Empfehlungen erfordert.

[30] Richtlinien des Bundesausschusses der Ärzte und Krankenkassen über die Beurteilung der Arbeitsunfähigkeit und die Maßnahmen zur stufenweisen Wiedereingliederung (AU-Richtlinien) v. 3.09.1991 (BArbBl 11/1991 S. 28)

8 Arbeitszeitschutz

8.1 Arbeitszeitgesetz

Überlange Arbeitszeiten und unzureichende Ruhezeiten können die Gesundheit und die Sicherheit der Beschäftigten gefährden. Aus diesem Grunde stellt das Arbeitszeitgesetz[31] sicher, dass die tägliche Höchstarbeitszeit begrenzt sowie die Mindestruhezeiten während der Arbeit und nach der täglichen Arbeitszeit garantiert sind. Nachtarbeiter und Nachtarbeiterinnen sind besonders geschützt. Darüber hinaus sollen beschäftigungsfreie Sonntage psychische Regeneration und soziale Kontakte ermöglichen. An Sonn- und Feiertagen besteht grundsätzlich ein Beschäftigungsverbot.

8.1.1 Werktägliche Arbeitszeit

Gem. § 7 ArbZG kann auf Grund eines Tarifvertrags in einer Betriebsvereinbarung abweichend von § 3 ArbZG bei Arbeitsbereitschaft die Arbeitszeit über zehn Stunden werktäglich auch ohne Ausgleich verlängert werden, ein anderer Ausgleichszeitraum festgelegt oder ohne Ausgleich die Arbeitszeit auf bis zu 10 Stunden werktäglich an höchstens 60 Tagen im Jahr verlängert werden. Die Gesamtdauer der Ruhepausen in Schicht- und Verkehrsbetrieben kann auf Kurzpausen von angemessener Dauer aufgeteilt werden. Die Ruhezeit kann um bis zu 2 Stunden gekürzt werden, wenn die Art der Arbeit dies erfordert und die Kürzung der Ruhezeit innerhalb eines festzulegenden Ausgleichszeitraums ausgeglichen wird. Die Arbeitszeit von Nachtarbeitern kann über 10 Stunden werktäglich hinaus auch ohne Ausgleich verlängert werden, wenn in die Arbeitszeit regelmäßig und in erheblichem Umfang Arbeitsbereitschaft fällt und es kann ein anderer Ausgleichszeitraum festgelegt werden. Der Beginn des siebenstündigen Nachtzeitraums kann auf die Zeit zwischen 22 und 24 Uhr festgelegt werden.

8.1.2 Abweichungen für bestimmte Personengruppen

Sofern der Gesundheitsschutz der Arbeitnehmer durch einen entsprechenden Zeitausgleich gewährleistet wird, können nach § 7 II ArbZG auf Grund eines Tarifvertrags in einer Betriebsvereinbarung Abweichungen von den Vorschriften über Arbeitszeit, Ruhepausen und Ruhezeit auch für

[31] Arbeitszeitgesetz (ArbZG) v. 6.06.1994 (BGBl I. 1170, zuletzt geändert d. G. v. 31.10.2006 (BGBl. I S. 2407)

die Nacht- und Schichtarbeiter vereinbart werden. Dies gilt insbesondere in der Landwirtschaft, in Kranken- und Altenpflege und im öffentlichen Dienst. Arbeitgeber, deren Betrieb zum Geltungsbereich eines Tarifvertrages mit solchen abweichenden tarifvertraglichen Regelungen gehört, ohne dass der Arbeitgeber tarifgebunden ist, können die in § 7 I, II ArbZG beschriebenen Abweichungsmöglichkeiten durch Betriebsvereinbarung mit dem Betriebsrat oder - sofern ein Betriebsrat nicht besteht - durch schriftliche Vereinbarung mit dem einzelnen Arbeitnehmer übernehmen (§ 7 III ArbZG).

8.1.3 Umsetzung von Nachtarbeitern

Gem. § 6 IV ArbZG hat der Arbeitgeber den Nachtarbeiter auf dessen Verlangen und Vorliegen bestimmter Voraussetzungen auf einen Tagesarbeitsplatz umzusetzen. Stehen der Umsetzung dringende betriebliche Erfordernisse entgegen, so ist der Betriebs- oder Personalrat zu hören. Dieser kann dem Arbeitgeber Vorschläge für eine Umsetzung unterbreiten.

8.1.4 Änderung der Sonn- und Feiertagsbeschäftigung

§ 12 ArbZG lässt grundsätzliche Ausnahmeregelungen über die Beschäftigung an Sonn- und Feiertagen zu, soweit sie in einer auf Grund eines Tarifvertrages zugelassenen Betriebsvereinbarung getroffen werden.

8.1.5 Weitergeltung früherer Betriebsvereinbarungen

§ 25 ArbZG enthält die Bestimmung, dass zugelassene Betriebsvereinbarungen, die bei Inkrafttreten des Gesetzes Regelungen enthalten, die von den festgelegten Bestimmungen des Arbeitszeitgesetzes abweichen, weiterhin ihre Gültigkeit behalten.

8.1.6 Aushang und Bekanntgabe der Betriebsvereinbarungen

Neben der Verpflichtung des Arbeitgebers, das Arbeitszeitgesetz im Betrieb auszulegen, obliegt es ihm gem. § 16 I ArbZG auch, die entsprechenden Betriebsvereinbarungen, die die Arbeitszeit regeln, durch Aushang bekanntzumachen. Gem. § 17 IV ArbZG sind der nach Landesrecht zuständigen Behörde die einschlägigen Betriebsvereinbarungen vorzulegen oder zur Einsicht einzusenden.

8.2 Altersteilzeit

Ein Anspruch auf Leistungen der Bundesanstalt für Arbeit setzt voraus, dass aufgrund einer Vereinbarung das Arbeitsentgelt für die Altersteilzeitarbeit um mindestens 20 % aufgestockt wird und für den Arbeitnehmer Beiträge zur Höherversicherung in der gesetzlichen Rentenversicherung mindestens in Höhe des Pflichtbeitrags entrichtet werden. Diese Vereinbarung kann in Form einer Betriebsvereinbarung getroffen werden (§ 3 I AltersteilzeitG[32]). Eine Verteilung der Altersteilzeit auf einen längeren Zeitraum als 3 Jahre kann in einer Betriebsvereinbarung auf Grund eines Tarifvertrages erfolgen (§ 2 II AltersteilzeitG). Wird von einer Tariföffnungsklausel Gebrauch gemacht, können auch nicht tarifgebundene Parteien im Rahmen der Öffnungsklausel Betriebsvereinbarungen zur Altersteilzeit treffen.

8.3 Sonn und Feiertagsarbeit in der Papierindustrie

Gem. § 6 der Verordnung über Ausnahmen vom Verbot der Beschäftigung von Arbeitnehmern an Sonn- und Feiertagen in der Papierindustrie[33] kann, wenn ein entsprechender Tarifvertrag nicht besteht, auf Grund einer Betriebsvereinbarung die Dauer der Ruhezeiten verkürzt und die Dauer der Arbeitszeit an Sonntagen verlängert werden.

8.4 Sonn- und Feiertagsarbeit in der Eisen- und Stahlindustrie

§ 4 III der Verordnung über Ausnahmen vom Verbot der Beschäftigung von Arbeitnehmern an Sonn- und Feiertagen in der Eisen- und Stahlindustrie[34] bestimmt, dass Ausnahmen hinsichtlich der angeordneten Ruhezeiten an Sonntagen in der Eisen- und Stahlindustrie durch Betriebsvereinbarung möglich sind.

---

[32] Altersteilzeitgesetz v. 23.07.1996 (BGBl. I 1078), zuletzt geändert d. G. v. 20.12.2007 (BGBl. I3150)

[33] Verordnung über die Ausnahmen vom Verbot der Beschäftigung von Arbeitnehmern an Sonn und Feiertragen in der Papierindustrie v. 20.07.1963 (BGBl III Nr. 7107-5, zuletzt geändert d. G. v. 6.06.1994 (BGBl I, 1170)

[34] Verordnung über die Ausnahmen vom Verbot der Beschäftigung von Arbeitnehmern an Sonn und Feiertragen in der Eisen- und Stahlindustrie v. 31.07.1968 (BGBl. I 885), zuletzt geändert d. G. v. 6.06. 1994 (BGBl. I 1170)

8.5 Arbeitszeit Jugendlicher

In einem Tarifvertrag oder auf Grund eines Tarifvertrages in einer Betriebsvereinbarung können gem. § 21a JArbSchG[35] in bestimmten Grenzen und bei bestimmten Voraussetzungen von der Höchstarbeitszeit, der Pausenregelung, der Schicht-, Samstags- und Sonntagsarbeit abgewichen werden. Arbeitgeber, deren Betrieb zum Geltungsbereich eines Tarifvertrages mit solchen abweichenden tarifvertraglichen Regelungen gehört, ohne dass der Arbeitgeber tarifgebunden ist, können die in § 21a JArbSchG beschriebenen Abweichungsmöglichkeiten durch Betriebsvereinbarung mit dem Betriebsrat übernehmen oder - sofern ein Betriebsrat nicht besteht - durch schriftliche Vereinbarung mit dem einzelnen Arbeitnehmer.

8.6 Arbeitszeitregelungen im Eisenbahnbereich

Im Allgemeinen Eisenbahngesetz (AEG)[36] sind hinsichtlich dieser Unternehmen besondere Rechte und Pflichten aufgeführt. In § 25 AEG wird aber ausdrücklich festgestellt, dass unbeschadet ihrer besonderen Rechte das Mitbestimmungsrecht des Betriebsrats gem. § 87 I Nr. 2 BetrVG hinsichtlich von Arbeitszeitregelungen unberührt bleibt.

8.7 Arbeitszeit in Krankenhäusern

Die Vergütungen an die Krankenkassen erhöhen sich gem. § 6 V BPflV[37] u.a. wenn zur Verbesserung der Arbeitszeitbedingungen mit der Arbeitnehmervertretung eine Vereinbarung über zusätzliche Personalkosten zur Einhaltung der Regelungen des Arbeitszeitrechts getroffen wurden.

---

[35] Gesetz zum Schutz der arbeitenden Jugend (Jugendarbeitsschutzgesetz – JArbSchG) v. 12.4.1976 (BGBl I S. 965), zuletzt geändert d. G. v. 31.10.2006 (BGBl. I S. 2407)

[36] Allgemeines Eisenbahngesetz (AEG) v. 27.12.1993 (BGBl. I, 2378, 2396, ber. 1994 I, 2439), zuletzt geändert d. G. v. 26.02.2008 (BGBl. I S. 2270, ber. S. 215)

[37] Verordnung zur Regelung der Krankenhauspflegesätze (Bundespflegesatzverordnung – BPflV) vom 26.09.1994 (BGBl. I S. 2750), zuletzt geändert durch G. v. 20.04.2007 (BGBl. I S. 554)

9 Bergmannsprämien

Prämien die nach dem Gesetz über Bergmannsprämien gewährt werden, gehören zu den steuerfreien Einnahmen.

Arbeitnehmer des Bergbaus, die unter Tage beschäftigt sind, erhalten für jede verfahrene volle Schicht nach dem Bergmannsprämiengesetz eine steuerfreie Prämie von 2,50 €. Betriebsverfassungsrechtlich ist § 5 I BergPDV[38] von Bedeutung, wonach Untertage-Arbeitnehmer, die an einer Betriebs- oder Abteilungsversammlung teilnehmen, die Bergmannsprämie für eine volle Schicht erhalten. Auch Mitglieder der betriebsverfassungsrechtlichen Organe, die in Folge ihres Amtes eine Untertage-Schicht versäumen, erhalten die Bergmannsprämie.

---

[38] Verordnung zur Durchführung des Gesetzes über Bergmannsprämien (BergPDV) i. d. F. der Bekanntmachung v. 20.12.1977 (BGBl I, 3135)

10 Betriebsbeauftragte

Aufgrund der verschiedensten Gesetze und Verordnungen ist der Arbeitgeber verpflichtet, als interne Kontroll- und Beratungsinstanz Betriebsbeauftragte zu bestellen. In einigen dieser Gesetze und Verordnungen ist hinsichtlich der Bestellung ein Mitwirkungsrecht des Betriebsrates vorgesehen und eine Zusammenarbeit vorgeschrieben. Bei anderen Beauftragten ist ein solches Mitwirkungsrecht nicht normiert worden, so z.B. im Datenschutzgesetz[39].

10.1 Abfallbeauftragter

Betreiber von genehmigungsbedürftigen Anlagen und von Anlagen, in denen regelmäßig besonders überwachungsbedürftige Abfälle anfallen, haben gem. § 54 I KrW-/AbfG[40] einen oder mehrere Betriebsbeauftragte für Abfälle zu bestellen. Über § 55 III Krw-/AbfG finden die Regelungen des BImSchG auch für den Abfallbeauftragten Anwendung (s. Ziff. 4).

10.2 Atomrechtlicher Sicherheitsbeauftragte

Der Inhaber einer Genehmigung zum Betrieb einer kerntechnischen Anlage (Betreiber) hat für die Dauer des Betriebes der Anlage einen kerntechnischen Sicherheitsbeauftragten zu bestellen. Werden von dem Betreiber mehrere Anlagen auf demselben Gelände betrieben, kann ein gemeinsamer Sicherheitsbeauftragter bestellt werden. Die nach § 2 II AtSMV[41] erforderlichen Anzeigen hat der Arbeitgeber dem Betriebsrat in Abschrift auszuhändigen. Zu den Aufgaben des Sicherheitsbeauftragten gehört nach § 4 II AtSMV weiterhin die Zusammenarbeit auch mit dem Betriebsrat und dessen Beratung in Angelegenheiten der kerntechnischen Sicherheit.

---

[39] Bundesdatenschutzgesetz v. 20.12.1990 (BGBl I, 2955), zuletzt geändert d. G. v. 22.08.2006 (BGBl. I S. 1970)

[40] Gesetz zur Förderung der Kreislaufwirtschaft und Sicherung der umweltverträglichen Beseitigung von Abfällen (Kreislaufwirtschafts- und Abfallgesetz – KrW-/AbfG) v. 27.09.1994 (BGBl I, 2705), zuletzt geändert d. G. v. 19.07.2007 (BGBl. I S. 1462)

[41] Verordnung über den kerntechnischen Sicherheitsbeauftragten und über die Meldung von Störfällen und sonstigen Ereignissen (Atomrechtliche Sicherheitsbeauftragten- und Meldeverordnung - AtSMV) v. 14.10.1992 (BGBl I, 1766), zuletzt geändert d. VO v. 18.06.2002 (BGBl. I S. 1869)

Der Sicherheitsbeauftragte kann seine Vorschläge und Bedenken unmittelbar der Geschäftsführung vortragen, wenn er sich mit dem Leiter der Anlage nicht einigen konnte und er wegen der besonderen Bedeutung der Sache eine Entscheidung der Geschäftsleitung für erforderlich hält. Kann sich der Sicherheitsbeauftragte hierüber mit der Geschäftsleitung nicht einigen, so ist ihm gem. § 5 II S. 2 AtMSV die Ablehnung des Vorschlags schriftlich mitzuteilen, zu begründen und dem Betriebs- oder Personalrat eine Abschrift zu übersenden.

10.3 Beauftragter für die Biologische Sicherheit

Gem. § 6 IV GenTG[42] ist derjenige, der gentechnische Arbeiten oder Freisetzungen durchführt, verpflichtet, einen Projektleiter, Beauftragten oder Ausschüsse (bei mehreren Beauftragten) für Biologische Sicherheit zu bestellen. § 16 I der GenTSV[43] konkretisiert diese Verpflichtung. Außerdem sieht § 16 I GenTSV die Anhörung des Betriebsrates vor der Bestellung eines oder mehrerer Beauftragter vor. Der Beauftragte hat gem. § 18 I GenTSV die Aufgabe, neben dem Betreiber und den verantwortlichen Personen auch den Betriebsrat auf dessen Verlangen zu beraten, wobei in § 18 II GenTSV die wesentlichsten Beratungsgegenstände aufgeführt sind.

10.4 Immissionsschutzbeauftragte

Der Betreiber einer betroffenen Anlage hat gem. § 55 Ia BImSchG[44] den Betriebs- oder Personalrat vor der Bestellung des Immissionsschutzbeauftragten unter Bezeichnung der ihm obliegenden Aufgaben zu unterrichten. Entsprechendes gilt bei Veränderungen im Aufgabenbereich des Immissionsschutzbeauftragten und bei dessen Abberufung.

[42] Gesetz zur Regelung der Gentechnik (Gentechnikgesetz – GenTG) i. d. F. v. 16.12.1993 (BGBl I, 2066, zuletzt geändert d. G. v. 01.04.2008 (BGBl. I S. 499)

[43] Gentechnik-Sicherheitsverordnung (GenTSV) i.d.F. v. 14.03.1995 (BGBl I, 297), zuletzt geändert .d.VO v.06.03.2007 (BGBl I, 261)

[44] Gesetz zum Schutz vor schädlichen Umwelteinwirkungen durch Luftverunreinigungen, Geräusche, Erschütterungen und ähnliche Vorgänge (Bundes-Immissionsschutzgesetz - BImSchG) i. d. F. v. 26.09.2002 (BGBl I, 3830), zuletzt geändert d. G. v. 23.10.2007 (BGBl. I S. 12470)

10.5 Gewässerschutzbeauftragter

Benutzer von Gewässern, die an einem Tag mehr als 750 Kubikmeter Abwasser einleiten dürfen, haben gem. § 21 a WHG[45] grundsätzlich einen oder mehrere Betriebsbeauftragte für Gewässerschutz (Gewässerschutzbeauftragte) zu bestellen. Der Benutzer hat den Betriebs- oder Personalrat vor der Bestellung des Gewässerschutzbeauftragten unter Bezeichnung der ihm obliegenden Aufgaben zu unterrichten. Entsprechendes gilt bei Veränderungen im Aufgabenbereich des Gewässerschutzbeauftragten und bei seiner Abberufung (§ 21 Ia WHG).

10.6 Störfallbeauftragter

Die grundsätzliche Pflicht zur Bestellung eines Störfallbeauftragten nach § 58a I S. 1 BImSchG wird präzisiert durch die Regelung des § 1 II der Störfall-Verordnung[46], einen betriebsangehörigen Störfallbeauftragten zu bestellen. Vor der Bestellung hat der Betreiber den Betriebs- oder Personalrat gemäß § 55 Ia, 58 c I BImSchG unter Bezeichnung der ihm obliegenden Aufgaben zu unterrichten.

10.7 Strahlenschutzbeauftragter

Nach § 13 III RöV[47] und § 29 III StrlSchV[48] ist dem Schrahlenschutzbeauftragten und dem Betriebsrat eine Abschrift der Anzeige der Bestellung als Strahlenschutzbeauftragter auszuhändigen. Nach § 14 IV RöV; § 32 IV StrlSchV haben der Strahlenschutzverantwortliche und der – beauftragte bei der Erfüllung ihrer Aufgaben mit dem Betriebsrat und den Fachkräften für Arbeitssicherheit zusammenzuarbeiten und sie über wichtige Angelegenheiten des Strahlenschutzes zu unterrichten. Kann sich der

---

[45] Gesetz zur Ordnung des Wasserhaushalts (Wasserhaushaltsgesetz - WHG) i. d. F. v. 19.08.2002 (BGBl I, 3245), zuletzt geändert d. G. v. 10.05.2007(BGBl. I S. 666)

[46] Fünfte Verordnung zur Durchführung des Bundes-Immissionsschutzgesetzes (Verordnung über Immissionsschutz- und Störfallbeauftragte - 5. BImSchV) v. 30.07.1993 (BGBl I, 1433), zuletzt geändert d. G. v. 9.09.2001 (BGBl. I S. 2331)

[47] Verordnung über den Schutz vor Schäden durch Röntgenstrahlen (Röntgenverordnung - RöV) i. d. F. v. 30.04.2003 (BGBl. I S. 604)

[48] Verordnung über den Schutz vor Schäden durch ionisierende Strahlen (Strahlenschutzverordnung - StrlSchV) v. 20.07.2001 (BGBl I S. 1714), zuletzt geändert d. G v. 13.12.2007 (BGBl. I S. 2930)

Strahlenschutzbeauftragte über eine von ihm vorgeschlagene Strahlenschutzmaßnahme oder Strahlenschutzeinrichtung mit dem Strahlenschutzverantwortlichen nicht einigen, so hat dieser dem Strahlenschutzbeauftragten die Ablehnung des Vorschlages schriftlich mitzuteilen und zu begründen und dem Betriebs- oder Personalrat und der zuständigen Behörde je eine Abschrift zu übersenden (§ 14 II RöV; § 32 III StrlSchV). Der Strahlenschutzbeauftragte hat zudem den Betriebsrat auf dessen Verlangen in Angelegenheiten des Strahlenschutzes zu beraten.

11 Datenschutz

Die Telekommunikationsdienstunternehmen-Datenschutzverordnung[49] regelt den Schutz personenbezogener Daten der am Fernmeldeverkehr Beteiligten. Die Bestimmungen gelten für Unternehmen und Diensteanbieter, die der Öffentlichkeit angebotene Telekommunikationsdienstleistungen erbringen oder daran mitwirken. Gem. § 6 VII TDSV dürfen dem Kunden die gespeicherten Daten derjenigen Verbindungen mitgeteilt werden, für die er entgeltpflichtig ist (Einzelverbindungsnachweis). Bei Anschlüssen in Betrieben und Behörden ist diese Mitteilung nur zulässig, wenn der Kunde schriftlich erklärt hat, dass die Mitarbeiter informiert worden sind und künftige Mitarbeiter unverzüglich informiert werden und dass der Betriebsrat oder die Personalvertretung entsprechend den gesetzlichen Vorschriften beteiligt worden oder eines solche Beteiligung nicht erforderlich ist.

[49] Verordnung über den Datenschutz für Unternehmen, die Telekommunikationsdienstleistungen erbringen (Telekommunikationsdienstunternehmen-Datenschutzverordnung – TDSV) v. 12.07.1996 (BGBl I S. 982), geändert d. G. v. 9.08.2003 (BGBl. I S. 1590)

12 Betriebsübergang / Umwandlungen / Übernahmen

12.1 Betriebsübergang

Nach § 613a I BGB[50] tritt bei einem Betriebsübergang der neue Inhaber in die Rechte und Pflichten aus den im Zeitpunkt des Übergangs bestehenden Arbeitsverhältnisses ein. Sind diese Rechte und Pflichten durch eine Betriebsvereinbarung geregelt, so werden sie Inhalt des Arbeitsverhältnisses zwischen dem neuen Inhaber und dem Arbeitnehmer und dürfen nicht vor Ablauf eines Jahres nach dem Zeitpunkt des Übergangs zum Nachteil des Arbeitnehmers geändert werden. Dies gilt nicht, wenn die Rechte und Pflichten bei dem neuen Inhaber durch einen anderen Tarifvertrags oder eine andere Betriebsvereinbarung geregelt werden. Vor Ablauf eines Jahres können die Rechte und Pflichten geändert werden, wenn die Betriebsvereinbarung nicht mehr gilt.

12.2 Umwandlungen

Im Umwandlungsgesetz (UmwG[51]) wird das Recht der gesellschaftsrechtlichen Umstrukturierung von Unternehmen zusammengefasst und systematisiert.

12.2.1 Zuleitung der Verträge

Der Verschmelzungsvertrag bedarf der notariellen Beurkundung (§ 6 UmwG) und er bzw. sein Entwurf ist spätestens einen Monat vor der Beschlussfassung dem jeweiligen Betriebsrat zuzuleiten (§ 5 III UmwG). In dem Verschmelzungsvertrag oder dem Entwurf dazu müssen u.a. die Folgen für die Arbeitnehmer und ihre Vertretungen enthalten sein. Die Verschmelzung ist von den Vertretungsorganen jedes Rechtsträgers oder vom Vertretungsorgan des übernehmenden Rechtsträgers beim Handels- bzw. Genossenschaftsregister zur Eintragung anzumelden (§ 16 UmwG). Der Anmeldung ist nach § 17 UmwG auch ein Nachweis über die rechtzeitige Zuleitung des Verschmelzungsvertrages an den Betriebsrat beizufügen.

---

[50] Bürgerliches Gesetzbuch (BGB) v. 18.8.1896 (RGBl I, 195), zuletzt geändert d. G. v. 26.03.2008 (BGBl. I S. 411)

[51] Umwandlungsgesetz (UmwG) v. 28.10.1994 (BGBl I, 3210), zuletzt geändert d. G. v. 01.04.2007 (BGBl. I S. 542)

Für den Spaltungsbeschluss gelten die allgemeinen Bestimmungen des Verschmelzungsrechts, da § 125 UmwG eine generelle Verweisung enthält. Gemäß § 126 III UmwG ist der Betriebsrat jedes beteiligten Rechtsträgers zu informieren. Der Spaltungs- und Übernahmevertrag oder sein Entwurf muss u.a. die Angabe über die Folgen der Spaltung für die Arbeitnehmer und ihre Vertretungen sowie die insoweit vorgesehenen Maßnahmen enthalten. Der Entwurf des Umwandlungsbeschlusses ist dem Betriebsrat vor der Anteilsinhaberversammlung zuzuleiten. Ohne Nachweis der rechtzeitigen Zuleitung darf das Registergericht keine Eintragung vornehmen (§ 199 UmwG).

12.2.2 Mitbestimmungsbeibehaltung

§ 325 I UmwG sieht eine auf fünf Jahre befristete Weitergeltung der Unternehmensmitbestimmung bei einem übertragenen Rechtsträger vor, es sei denn, die Arbeitnehmerzahl sinkt auf weniger als ein Viertel der gesetzlichen Mindestzahl, also im Falle der Anwendbarkeit des Mitbestimmungsgesetzes auf weniger als 500. Hat eine Spaltung oder Teilübertragung eines Unternehmens die Spaltung eines einheitlichen Betriebes in mehrere organisatorische verselbständigte Betriebsteile zur Folge, so gilt die bisherige betriebsverfassungsrechtliche Ordnung infolge des Verlustes der Betriebsidentität nicht mehr weiter. In diesem Fall kann nach § 325 II UmwG durch eine Betriebsvereinbarung die Fortgeltung von bisherigen Beteiligungsrechten des Betriebsrats vereinbart werden.

12.3 Übernahmen

Die Übernahme einer börsennotierten Gesellschaft wirkt sich auf die bestehenden Arbeitsverhältnisse nicht aus. Dennoch enthält das WpÜG[52] einige arbeitsrechtliche Vorschriften.

Gem. § 14 IV WpÜG hat der Vorstand der Zielgesellschaft die Angebotsunterlage unverzüglich dem zuständigen Betriebsrat oder, sofern ein solcher nicht besteht, unmittelbar den Arbeitnehmern zu übermitteln. Der Bieter hat die Angebotsunterlage ebenso seinem zuständigen Betriebsrat oder, sofern ein solcher nicht besteht, unmittelbar den Arbeitnehmern unverzüglich nach der Veröffentlichung zu übermitteln.

---

[52] Gesetz zur Regelung öffentlicher Angebote zum Erwerb von Wertpapieren und Unternehmensübernahmen (WpÜG) v. 20.12.2001 (BGBl. I S. 3822), zuletzt geändert d.G.v. 21.12.2007 (BGBl I, 3089)

Nach § 27 I WpÜG sind Vorstand und Aufsichtsrat der Zielgesellschaft verpflichtet, eine Stellungnahme zu dem Angebot des Bieters abzugeben und zu veröffentlichen. Darin müssen sie u.a. auch auf die voraussichtlichen Folgen des Angebots für die Arbeitnehmer und ihrer Vertretungen eingehen. In § 27 II WpÜG ist darüber hinaus vorgesehen, dass auch der Betriebsrat oder die Arbeitnehmer der Zielgesellschaft eine Stellungnahme zu dem Angebot angeben können.

13 Entlassungen

Beabsichtigt der Arbeitgeber anzeigepflichtige Entlassungen vorzunehmen, hat er nach § 17 II KSchG[53] dem Betriebsrat rechtzeitig (noch vor dem Ausspruch der eigentlichen Kündigung) die zweckdienlichen Auskünfte zu erteilen und ihn schriftlich insbesondere zu unterrichten über die Gründe für die geplanten Entlassungen, die Zahl und die Berufsgruppen der zu entlassenden und der in der Regel beschäftigten Arbeitnehmer, den Zeitraum, in dem die Entlassungen vorgenommen werden sollen, die vorgesehenen Kriterien für die Auswahl der zu entlassenden Arbeitnehmer, die für die Berechnungen etwaiger Abfindungen vorgesehenen Kriterien. Arbeitgeber und Betriebsrat haben die Möglichkeiten zu beraten, Entlassungen zu vermeiden oder einzuschränken und ihre Folgen zu mildern.

Der Arbeitgeber hat dann der zuständigen Agentur für Arbeit eine Abschrift der Mitteilung an den Betriebsrat zuzuleiten; sie muss zumindest die oben vorgeschriebenen Angaben enthalten (§ 17 III KSchG). Die Anzeige ist unter Beifügung der Stellungnahme des Betriebsrates zu den Entlassungen zu erstatten. Liegt eine Stellungnahme des Betriebsrates nicht vor, so ist die Anzeige wirksam, wenn der Arbeitgeber glaubhaft macht, dass er den Betriebsrat mindestens zwei Wochen vor Erstattung der Anzeige unterrichtet hat, und er den Stand der Beratungen darlegt. In der Anzeige sollen u.a. im Einvernehmen mit dem Betriebsrat für die Arbeitsvermittlung Angaben über Geschlecht, Alter, Beruf und Staatsangehörigkeit der zu entlassenden Arbeitnehmer gemacht werden. Der Arbeitgeber hat dem Betriebsrat eine Abschrift der Anzeige zuzuleiten. Der Betriebsrat kann gegenüber Agentur für Arbeit weitere Stellungnahmen abgeben. Er hat dem Arbeitgeber dann eine Abschrift der Stellungnahme zuzuleiten.

Dritte (z.B. der Betriebsrat) haben weder die Verpflichtung noch das Recht, die Anzeige zu erstatten[54].

Zur umfassenden Information von Arbeitgeber und Betriebsrat gibt es von der Bundesagentur für Arbeit entsprechende Materialien und Vordrucke[55].

---

[53] Kündigungsschutzgesetz (KSchG) i. d. F. v. 25.08.1969 (BGBl I, 1317), zuletzt geändert d. G. v. 26.03.2008 (BGBl. I S. 444)

[54] Ziff. 17.02 in den Durchführunsganweisungen zum Dritten und Vierten Abschnitt des Kündigungsschutzgesetzes (DA KSchG) 7/2005

[55] Ziff. 17.05 in den Durchführunsganweisungen zum Dritten und Vierten Abschnitt des Kündigungsschutzgesetzes (DA KSchG) 7/2005

Nach § 20 I, II KSchG trifft die Entscheidungen auf Zustimmung der Entlassungen die Agentur für Arbeit bzw. deren Geschäftsführung oder ein Ausschuss (Entscheidungsträger), der sich aus dem Geschäftsführer, der Geschäftsführerin oder dem oder der Vorsitzenden der Geschäftsführung der Agentur für Arbeit oder einem von ihm oder ihr beauftragten Angehörigen der Agentur für Arbeit als Vorsitzenden und je zwei Vertretern der Arbeitnehmer, der Arbeitgeber und der öffentlichen Körperschaften zusammensetzt, die von dem Verwaltungsausschuss der Agentur für Arbeit benannt werden. Er trifft seine Entscheidungen mit Stimmenmehrheit. Der Entscheidungsträger hat vor seiner Entscheidung den Arbeitgeber und den Betriebsrat anzuhören. Dem Ausschuss sind vom Betriebsrat die von ihm für die Beurteilung des Falles erforderlich gehaltenen Auskünfte zu erteilen.

14 Europarechtliche Regelungen

14.1 Europäischer Betriebsrat

Mit dem Gesetz über Europäische Betriebsräte[56] soll eine grenzübergreifende Unterrichtung und Anhörung der Arbeitnehmer in gemeinschaftsweit operierenden Unternehmen und Unternehmensgruppen verwirklicht werden. Anwendbar ist das Gesetz auf gemeinschaftsweit tätige Unternehmen und Unternehmensgruppen mit Sitz in Deutschland, die in den EU-Mitgliedsstaaten (ohne Großbritannien, aber einschließlich der EWR-Mitgliedstaaten Island, Liechtenstein und Norwegen) mindestens 1.000 Arbeitnehmer insgesamt und davon jeweils mindestens 150 Arbeitnehmer in zwei Mitgliedstaaten haben.

Die Zuständigkeit des europäischen Betriebsrates beschränkt sich auf wirtschaftliche Angelegenheiten, die mindestens zwei Betriebe oder Unternehmen in verschiedenen Mitgliedstaaten betreffen oder sich grenzübergreifend auswirken. Die Unterrichtung und Anhörung des europäischen Betriebsrates erfolgt einmal in jedem Kalenderjahr über die Entwicklung der Geschäftslage und die Perspektiven des gemeinschaftsweit tätigen Unternehmens (Unternehmensgruppe), insbesondere über die wirtschaftliche und finanzielle Lage, Beschäftigungslage, Investitionen, Produktionsverlagerungen und Massenentlassungen. Über diese turnusmäßigen Unterrichtungen hinaus ist der europäische Betriebsrat bei außergewöhnlichen Umständen (Produktionsverlagerungen, Stilllegung von Betrieben oder Unternehmen, Massenentlassungen) unverzüglich zu unterrichten und auf Verlangen rechtzeitig anzuhören.

14.2 Europäische Gesellschaft

Die Europäische Gesellschaft (Societas Europaea, kurz SE) ist eine Rechtsform für Aktiengesellschaften in der Europäischen Union. Mit ihr ermöglicht die EU seit dem Jahresende 2004 die Gründung von Gesellschaften nach weitgehend einheitlichen Rechtsprinzipien.

Die SE wird in EU-Dokumenten auch als Europäische Aktiengesellschaft und umgangssprachlich daher auch als Europa-AG bezeichnet. Das

---

[56] Gesetz über Europäische Betriebsräte (Europäische Betriebsräte-Gesetz - EBRG) v. 28.10.1996 (BGBl I, 1548; 2022), zuletzt geändert d. G. v. 22.12.2000 (BGBl. I S. 1983)

SEBG[57] regelt die Beteiligung der Arbeitnehmer in einer Europäischen Gesellschaft.

14.2.1 betriebliche Mitbestimmung

Planen eine oder mehre Gesellschaften die Gründung einer SE, ist aufgrund einer Aufforderung der beteiligten Unternehmensleitungen ein aus Arbeitnehmervertretern bestehende besondere Verhandlungsgremium zu bilden, welches die Aufgabe hat, mit den Leitungsorganen eine schriftliche Vereinbarung über die Beteiligung der Arbeitnehmer in der SE abzuschließen, § 4 SEBG.

§ 21 Abs. 1 SEBG enthält Mindestvorgaben für den Inhalt der mit dem Verhandlungsgremium erzielten Vereinbarung. Seine Beschlüsse fasst das Gremium mit einfacher Mehrheit. Hat die Vereinbarung jedoch eine Minderung bestehender Mitbestimmungsrechte zur Folge, kann diese nur mit einer qualifizierten Mehrheit von zwei Dritteln der Mitglieder, die mindestens zwei Drittel der Arbeitnehmer in mindestens zwei Mitgliedstaaten vertreten, getroffen werden, § 15 Abs. 3 S. 1 SEBG. Eine derartige Minderung der Mitbestimmungsrechte liegt gemäß § 15 Abs. 4 lit. A SEBG bereits dann vor, wenn der Anteil der Arbeitnehmervertreter im Aufsichts- oder Verwaltungsorgan der SE geringer ist als der höchste in den beteiligten Gesellschaften bestehende Anteil. Die besondere qualifizierte Mehrheit für verschlechternde Regelungen gilt aber nur dann, wenn eine bestimmt Mindestzahl von Arbeitnehmern Mitbestimmungsrechte in die SE mitbringt, und zwar im Gründungsfall der Verschmelzung mindestens 25 % sowie im Fall der Gründung einer Holding-SE oder Tochter-SE 50 %.

Bei der Gründung einer SE durch Umwandlung einer Aktiengesellschaft scheidet diese Möglichkeit eines Abbaus von Mitbestimmungsrechten aber aus. Da die Richtlinie bei einer Gründung durch Umwandlung dem Bestandsschutz oberste Priorität einräumt, muss gemäß § 21 Abs. 6 SEBG die mit dem besonderen Verhandlungsgremium betroffene Vereinbarung in Bezug auf alle Komponenten der Arbeitnehmerbeteiligung zumindest das gleiche Ausmaß gewährleisten, das in der Gründungsgesellschaft bestand.

§ 16 Abs. 1 SEBG ermöglicht dem besonderen Verhandlungsgremium auch, keine Verhandlungen aufzunehmen oder bereits aufgenommene

---

[57] Gesetz über die Beteiligung der Arbeitnehmer in einer Europäischen Gesellschaft (SE-Beteiligungsgesetz – SEBG) v. 22.12.2004 (BGBl. I S. 3675)

Verhandlungen abzubrechen, wobei das Gesetz wiederum einen Beschluss mit qualifizierter Mehrheit verlangt. In beiden Fällen besteht dann keine Verpflichtung mehr, eine Unternehmensmitbestimmung zu ermöglichen oder einen SE-Betriebsrat zu bilden, § 16 II SEBG. Jedoch greifen dann die Regelungen des Europäischen Betriebsrätegesetzes ein, dessen Anwendungsbereich § 47 I SEBG im Übrigen versperrt. § 16 III SEBG schließt aber wiederum einen Verzicht auf Arbeitnehmermitwirkung im Falle der Gründung durch Umwandlung aus.

Erfolgt keine Einigung über die Beteiligung der Arbeitnehmer in der SE, greifen die Auffangregelungen der §§ 22 ff. SEBG ein. Nach § 23 I SEBG ist zur Sicherung des Rechts auf Unterrichtung und Anhörung in der SE ein SE-Betriebsrat zu bilden. Dieser setzt sich vergleichbar den Regelungen des besonderen Verhandlungsgremiums zusammen. Die Aufgaben und Funktionen des SE-Betriebsrats entsprechen im Wesentlichen denen des Europäischen Betriebsrats.

14.2.2 überbetriebliche Mitbestimmung

Die §§ 34 ff. SEBG über die Unternehmensmitbestimmung finden im Falle einer durch Verschmelzung gegründeten SE nur Anwendung, wenn vor der Eintragung der SE mindestens 25 % der gesamten Arbeitnehmer über Mitbestimmungsrechte verfügten. Wird eine Tochter-SE oder Holding-SE gegründet, liegt diese Schwelle bei 50 %.

Unterliegt die SE hiernach den Regeln über die Unternehmensmitbestimmung, bemisst § 35 Abs. 2 S. 2 SEBG dann die Zahl der Arbeitnehmervertreter im Aufsichts- oder Verwaltungsorgan der SE nach dem höchsten Anteil an Arbeitnehmervertretern, der in den Organen der beteiligten Gesellschaften vor der Eintragung der SE bestanden hat, unabhängig davon, welche Organisationsform - dualistisches oder monistisches System - die SE aufweist.

Bestandsschutz genießt die Rechtslage der Gründungsgesellschaft im Falle einer Gründung durch Umwandlung. Gemäß § 35 Abs. 1 SEBG bleibt diejenige Regelung zur Mitbestimmung erhalten, die in der Gesellschaft vor der Umwandlung bestanden hat.

14.3 Europäische Genossenschaft

Die europäische Genossenschaft (SCE) ist die übernationale Version der eingetragenen Genossenschaft (Rechtsform) und soll, wie die Societas Europaea (SE), zur Entwicklung des Binnenmarktes und zur Globalisierung beitragen. Die SCE besitzt wie die eG eine eigene Rechtspersönlichkeit des privaten Rechts. Die Beteiligungsrechte der Arbeitnehmer sind im SCE-Beteiligungsgesetz[58] geregelt.

14.3.1 betriebliche Mitbestimmung

Ist die Gründung einer SCE durch mindestens zwei juristische Personen oder durch Umwandlung geplant, so verlangt §5 I SCEBG nach Aufforderung der beteiligten Unternehmensleitungen die Bildung eines aus Arbeitnehmervertretern bestehenden besonderen Verhandlungsgremiums, welches die Aufgabe hat, mit den Leitungsorganen eine schriftliche Vereinbarung über die Beteiligung der Arbeitnehmer in der SCE abzuschließen.

§ 16 I SCEBG ermöglicht dem besonderen Verhandlungsgremium auch, keine Verhandlungen aufzunehmen oder bereits aufgenommene Verhandlungen abzubrechen. In beiden Fällen besteht dann keine Verpflichtung mehr, eine Unternehmensmitbestimmung zu ermöglichen oder einen SE-Betriebsrat zu bilden, § 16 II SCEBG. Jedoch greifen dann die Regelungen des Europäischen Betriebsrätegesetzes ein, dessen Anwendung § 49 I Nr. 2 SCEBG im Übrigen versperrt. § 16 III SCEBG schließt aber wiederum einen Verzicht auf Arbeitnehmermitwirkung im Falle der Gründung durch Umwandlung aus.

Erfolgt keine Einigung über die Beteiligung der Arbeitnehmer in der SCE, greifen die Auffangregelungen der §§ 22 ff. SCEBG ein. Nach § 23 ISCEBG ist zur Sicherung des Rechts auf Unterrichtung und Anhörung in der SCE ein SCE-Betriebsrat zu errichten. Dieser setzt sich vergleichbar den Regelungen des besonderen Verhandlungsgremiums zusammen. Die Aufgaben und Funktionen des SCE-Betriebsrats entsprechen im Wesentlichen denen des Europäischen Betriebsrats.

14.3.2 überbetriebliche Mitbestimmung

Die Vorschriften der §§ 34 ff. SCEBG finden für die Unternehmensmitbestimmung Anwendung. Im Falle einer durch Umwandlung gegründeten Europäischen Genossenschaft, wenn in der Genossenschaft vor der Umwandlung Bestimmungen über die Mitbestimmung der Arbeitnehmer im Aufsichts- oder Verwaltungsorgan galten. Im Gründungsfall der Verschmelzung findet nach § 34 I Nr. 2 SCEBG eine Mitbestimmung kraft

---

[58] Gesetz über die Beteiligung der Arbeitnehmer und Arbeitnehmerinnen in einer Europäischen Genossenschaft (SCE-Beteiligungsgesetz – SCEBG) vom 14.08.2006 (BGBl. I S. 1917)

Gesetzes aber nur dann statt, wenn in einer oder mehrerer der beteiligten Genossenschaften mindestens 25 % der Gesamtzahl der bei ihnen und den betroffenen Tochtergesellschaften beschäftigten Arbeitnehmer über Mitbestimmungsrechte verfügten. Bei Gründung einer Europäischen Genossenschaft auf andere Weise beträgt dieser Schwellenwert nach Nr. 3 50 %.

§ 35 II SCEBG bemisst die Zahl der Arbeitnehmervertreter im Aufsichts- oder Verwaltungsorgan der SCE nach dem höchsten Anteil an Arbeitnehmervertretern, der in den Organen der beteiligten juristischen Personen vor der Eintragung der SCE bestanden hat, unabhängig davon, welche Organisationsform - dualistisches oder monistisches System - die SCE aufweist.

Bestandsschutz genießt die Rechtslage der Gründungsgesellschaft im Falle einer Gründung durch Umwandlung. Gemäß § 35 I SCEBG bleibt diejenige Regelung zur Mitbestimmung erhalten, die in der Gesellschaft vor der Umwandlung bestanden hat.

15 Handelsrecht

15.1 Informations- und Auskunftsrechte kleiner Kapitalgesellschaften

Die Bilanzierungsvorschriften für Kapitalgesellschaften gem. §§ 266 ff. Handelsgesetzbuch (HGB)[59] knüpfen an die Größenordnung der Unternehmen an. In § 267 VI HGB wird ausdrücklich festgestellt, dass die Informations- und Auskunftsrechte der Arbeitnehmervertretungen nach anderen Gesetzen auch dann unberührt bleiben, wenn das betreffende Unternehmen eine kleine Kapitalgesellschaft ist und mithin nur eine verkürzte Bilanz aufzustellen braucht.

15.2 Nichteinhaltung bilanzrechtlicher Vorschriften

Das Registergericht schreitet bei Nichteinhaltung bilanzrechtlicher Vorschriften nur auf Antrag ein. Diesen Antrag kann auch der Gesamtbetriebsrat oder, wenn ein solcher nicht besteht, der Betriebsrat der Kapitalgesellschaft stellen (§ 335 HGB). Werden die Pflichten hinsichtlich eines Konzernabschlusses oder eines Konzernlageberichts verletzt, so kann den Antrag nach S. 2 auch der Konzernbetriebsrat stellen. Für das Verfahren ist § 140a FGG zu beachten[60].

---

[59] Handelsgesetzbuch (HGB) v. 10.05.1897 (RGBl S.219) (BGBl III 4100-1), zuletzt geändert d. G. v. 21.12.2007 (BGBl. I S. 3089)

[60] Gesetz über die Angelegenheiten der freiwilligen Gerichtsbarkeit (FGG) i. d. F. v. 20.05.1898 (RGBl. S. 771), zuletzt geändert durch G. v. 26.03.2008 (BGBl. I S. 441)

16 Handwerksordnung

Zur Vertretung der Interessen des Handwerks werden Handwerkskammern errichtet. Eine Handwerkskammer ist eine in der Rechtsform einer Körperschaft des öffentlichen Rechts organisierte Selbstverwaltungseinrichtung des gesamten Handwerks in einem Kammerbezirk. Aufgabe der Handwerkskammern ist es die Interessen des Gesamthandwerks zu vertreten und die Belange des Handwerks im Zuge der Selbstverwaltung selbst zu regeln.

Das Wahlverfahren zur Handwerkskammer regelt sich nach der als Anlage C der Handwerksordnung[61] beigefügten Wahlordnung. Die Wahl zur Handwerkskammer erfolgt auf fünf Jahre. Die ihr Wahlrecht wahrnehmenden Gesellen und Arbeitnehmer mit abgeschlossener Berufsausbildung weisen gem. § 13 I WOHwO[62] dem Abstimmungsvorstand ihre Wahlberechtigung durch eine die Unterschrift des Betriebsrates, soweit dieser in Betrieben vorhanden ist, tragende Bescheinigung (Wahlberechtigungsschein) nach.

---

[61] Gesetz zur Ordnung des Handwerks (Handwerksordnung) i. d. F. v. 28.12.1965 (BGBl I S. 1), zuletzt geändert d. G. v. 07.09.2007 (BGBl. I S. 2246)

[62] Wahlordnung für die Wahlen der Mitglieder der Vollversammlung der Handwerkskammern (Anlage C zu dem Gesetz zur Ordnung des Handwerks (Handwerksordnung)) i. d. F. 24.09.1998 (BGBl. I S. 3074), zuletzt geändert durch G- v. 24.12.2003 (BGBl. I S. 2954)

17 Insolvenzordnung

Bei der Insolvenz von Unternehmen treten besondere arbeitsrechtliche Probleme wie z. B. die Beendigung der Arbeitsverhältnisse, die Geltendmachung ausstehender Löhne oder Fragen des Insolvenzausfallgeldes auf. Aber auch kollektivrechtliche Besonderheiten sind zu beachten.

17.1 Betriebsvereinbarungen

§ 120 I InsO[63] gibt die Möglichkeit, Betriebsvereinbarungen, deren Leistungen die Konkursmasse belasten, selbst dann mit einer Frist von drei Monaten zu kündigen, wenn eine längere Frist vorgesehen ist. Zuvor sollen Konkursverwalter und Betriebsrat jedoch versuchen, die Leistungen im Einvernehmen herabzusetzen.

17.2 Vermittlungsversuch vor Anrufung der Einigungsstelle

Können sich die Betriebsparteien nicht auf einen Interessenausgleich einigen, so hat sowohl der Arbeitgeber wie auch der Betriebsrat nach § 112 II S. 1 BetrVG die Möglichkeit, den Präsidenten des Landesarbeitsamtes um Vermittlung zu ersuchen. Da die Vermittlung mit einer zeitlichen Verzögerung des Abschlusses eines Interessenausgleichs verbunden ist, sieht § 121 InsO vor, dass dieses vorgeschaltete Vermittlungsverfahren nur durchzuführen ist, wenn sowohl der Insolvenzverwalter wie auch der Betriebsrat gemeinsam diese Vermittlung wünschen.

17.3 Gerichtliche Zustimmung zur Betriebsänderung

Ist eine Betriebsänderung geplant und kommt zwischen Insolvenzverwalter und Betriebsrat der Interessenausgleich nach § 112 des BetrVG nicht innerhalb von drei Wochen nach Verhandlungsbeginn oder schriftlicher Aufforderung zur Aufnahme von Verhandlungen zustande, obwohl der Verwalter den Betriebsrat rechtzeitig und umfassend unterrichtet hat, so kann der Verwalter gem. § 122 InsO die Zustimmung des Arbeitsgerichts dazu beantragen, dass die Betriebsänderung durchgeführt wird, ohne dass das Verfahren nach § 112 II BetrVG vorangegangen ist. § 113 III BetrVG ist insoweit nicht anzuwenden. Unberührt bleibt das Recht des Verwalters,

---

[63] Insolvenzordnung (InsO) v. 5.10.1994 (BGBl I, 2866), geändert d. G. v. 12.12.2007 (BGBl. I S. 2840)

einen Interessenausgleich nach § 125 InsO zustande zu bringen oder einen Feststellungsantrag nach § 126 InsO zu stellen.

17.4 Sozialplan vor Verfahrenseröffnung

Ein Sozialplan, der vor der Eröffnung des Insolvenzverfahrens, jedoch nicht früher als drei Monate vor dem Eröffnungsantrag aufgestellt worden ist, kann sowohl vom Insolvenzverwalter als auch vom Betriebsrat gem. § 124 InsO widerrufen werden.

17.5 Interessenausgleich und Kündigungsschutz

Ist eine Betriebsänderung geplant und kommt zwischen Insolvenzverwalter und Betriebsrat ein Interessenausgleich zustande, in dem die Arbeitnehmer, denen gekündigt werden soll, namentlich bezeichnet sind, so wird gem. § 125 InsO vermutet, dass die Kündigung der Arbeitsverhältnisse der bezeichneten Arbeitnehmer durch dringende betriebliche Erfordernisse bedingt ist. Zudem kann die soziale Auswahl nur auf grobe Fehlerhaftigkeit nachgeprüft werden. Der Interessenausgleich ersetzt die Stellungnahme des Betriebsrats nach § 17 III S. 2 KSchG.

17.6 Rechtmäßigkeit der Kündigungen

Nach § 126 InsO kann der Konkursverwalter in Betrieben ohne Betriebsrat oder dort, wo ein Interessenausgleich mit dem Betriebsrat innerhalb von drei Wochen nicht zustande gekommen ist, im arbeitsgerichtlichen Verfahren feststellen lassen, dass die Kündigung bestimmter Arbeitsverhältnisse gerechtfertigt ist. Eine hiernach getroffene Entscheidung ist gem. § 127 I InsO für einen möglichen späteren Kündigungsschutzprozess bindend.

18 Internationale Übereinkommen

Die Bundesrepublik Deutschland ist seit 1951 Mitglied in der Internationalen Arbeitsorganisation (IAO). Die Allgemeine Konferenz, die sich aus je vier Vertretern eines Mitgliedstaates (zwei Vertreter der Regierung und je ein Vertreter der Gewerkschaften und der Arbeitgeberverbände) zusammensetzt, verabschiedet Übereinkommen und Empfehlungen. Die Übereinkommen sind Gesetzesvorschläge, die der Zustimmung durch den jeweiligen Gesetzgeber des Mitgliedstaates bedürfen. Die von der Bundesrepublik bisher ratifizierten Übereinkommen waren in ihrem sachlichen Gehalt im allgemeinen bereits durch das nationale Recht verwirklicht.

Nach dem Übereinkommen Nr. 135[64] der IAO über Schutz und Erleichterungen für Arbeitnehmer im Betrieb von 1975 sind die Arbeitnehmervertreter gegen jede Benachteiligung, einschließlich einer Kündigung, die auf Grund ihrer Stellung oder Betätigung als Arbeitnehmervertreter oder auf Grund ihrer Zugehörigkeit zu einer Gewerkschaft oder ihrer gewerkschaftlichen Betätigung erfolgt, wirksam zu schützen, sofern sie im Einklang mit bestehenden Gesetzen oder Gesamtarbeitsverträgen oder anderen gemeinsam vereinbarten Regelungen handeln. Den Arbeitnehmervertretern sind im Betrieb Erleichterungen zu gewähren, die geeignet sind, ihnen die rasche und wirksame Durchführung ihrer Aufgaben zu ermöglichen.

---

[64] Übereinkommen der Internationalen Arbeitsorganisation über Schutz und Erleichterungen für Arbeitnehmer im Betrieb v. 23.06.1971 (BGBl. I, 954)

19 Kinderbetreuung

Das Bundeselterngeld- und Elternzeitgesetz gewährt Arbeitnehmern bis zur Vollendung des dritten Lebensjahres eines Kindes, das sie selbst betreuen und erziehen, Elternzeit (§ 15 BEEG). Die Elternzeit kann ganz oder zeitweise gemeinsam von beiden Elternteilen genommen werden. Mit Zustimmung des Arbeitgebers ist eine Übertragung von bis zu einem Jahr der Elternzeit auf die Zeit zwischen dem 4. und 8. Geburtstag des Kindes (z.B. während des 1. Schuljahres) möglich.

Ein sachlicher Grund, der die Befristung eines Arbeitsverhältnisses rechtfertigt, liegt vor, wenn ein Arbeitnehmer zur Vertretung eines anderen Arbeitnehmers u.a. für Zeiten einer auf Betriebsvereinbarung beruhenden Arbeitsfreistellung zur Betreuung eines Kindes eingestellt wird (§ 21 I BEEG[65]).

[65] Gesetz zum Elterngeld und zur Elternzeit (Bundeselterngeld- und Elternzeitgesetz - BEEG) v. 5.12.2006 (BGBl. I S. 2748), g.d.G v. 19.08.2007 (BGBl. I , S. 1970)

20 Kündigungsschutz

Das Kündigungsschutzgesetz[66] regelt sowohl den Schutz des einzelnen Arbeitnehmers vor einer arbeitgeberseitigen Kündigung wie auch den besonderen Kündigungsschutz von Organmitgliedern.

20.1 Sozialwidrige Kündigungen

Die grundlegende Norm des allgemeinen Kündigungsschutzes ist § 1 KSchG. Danach ist eine Kündigung sozial ungerechtfertigt (sozialwidrig), wenn sie nicht durch Gründe, die in der Person oder im Verhalten des Arbeitnehmers liegen oder durch dringende betriebliche Erfordernisse, die einer Weiterbeschäftigung des Arbeitnehmers in dem Betrieb entgegenstehen, bedingt ist. Die Kündigung ist darüber hinaus sozial ungerechtfertigt, wenn sie gegen eine Richtlinie nach § 95 BetrVG verstößt oder der Arbeitnehmer an einem anderen Arbeitsplatz weiterbeschäftigt werden kann. Zusätzliche Voraussetzung für die Sozialwidrigkeit einer Kündigung ist in diesem Fall der form- und fristgerechte Widerspruch des Betriebsrats.

Will ein Arbeitnehmer geltend machen, dass eine Kündigung sozial ungerechtfertigt ist und hat der Arbeitnehmer Einspruch beim Betriebsrat eingelegt, so soll er der Klage die Stellungnahme des Betriebsrates beifügen.

20.2 Kündigungseinspruch

Neben einer Klage kann der Arbeitnehmer grundsätzlich innerhalb einer Woche nach Zugang der Kündigung Kündigungseinspruch beim Betriebsrat einlegen (§ 3 KSchG). Der Betriebsrat hat daraufhin den Einspruch zu prüfen. Hält er ihn für begründet, muss er Kontakt mit dem Arbeitgeber aufnehmen mit dem Ziel einer Verständigung. Wird die Klage gegen eine Kündigung darauf gestützt, diese sei sozial ungerechtfertigt, besteht eine Klagefrist von drei Wochen. Für den Fall, dass ein Verfahren nach § 3 KSchG durchgeführt wurde, soll die in diesem Verfahren von dem Betriebsrat abgegebene Stellungnahme der Klage beigefügt werden (§ 4 KSchG).

---

[66] Kündigungsschutzgesetz (KSchG) i. d. F. v. 25.08.1969 (BGBl I, S. 1317), zuletzt geändert d. G. v. 26.03.2008 (BGBl. I S. 444)

20.3 Kündigungsschutz von Organmitgliedern

Die Kündigung eines Mitglieds eines Betriebsrats, einer Jugend- und Auszubildendenvertretung, einer Bordvertretung oder eines Seebetriebsrats ist nach § 15 KSchG unzulässig, es sei denn, dass Tatsachen vorliegen, die den Arbeitgeber zur Kündigung aus wichtigem Grund ohne Einhaltung einer Kündigungsfrist berechtigen, und dass die Zustimmung des Betriebsrates vorliegt oder durch gerichtliche Entscheidung ersetzt ist. Nach Beendigung der Amtszeit ist die Kündigung eines Mitglieds der oben genannten Organe innerhalb eines Jahres (des Mitglieds einer Bordvertretung innerhalb von sechs Monaten) vom Zeitpunkt der Beendigung der Amtszeit unzulässig, es sei denn, dass Tatsachen vorliegen, die den Arbeitgeber zur Kündigung aus wichtigem Grund ohne Einhaltung einer Kündigungsfrist berechtigen. Dies gilt gleichermaßen für ein Mitglied eines Wahlvorstands vom Zeitpunkt seiner Bestellung an und für den Zeitraum von sechs Monaten nach Bekanntgabe des Wahlergebnisses.

Wird der Betrieb stillgelegt, so ist die Kündigung der genannten Personen frühestens zum Zeitpunkt der Stilllegung zulässig, es sei denn, dass ihre Kündigung zu einem früheren Zeitpunkt durch zwingende betriebliche Erfordernisse bedingt ist (§ 15 IV, V KSchG). Wird eine der genannten Personen in einer Betriebsabteilung beschäftigt, die stillgelegt wird, so ist sie in eine andere Betriebsabteilung zu übernehmen. Ist dies aus betrieblichen Gründen nicht möglich, so findet auf ihre Kündigung die Vorschrift über die Kündigung bei Stilllegung des Betriebs sinngemäß Anwendung.

20.4 Heimarbeit

Heimarbeit als besondere Beschäftigungsform ist seit Jahrzehnten fester Bestandteil der Arbeitswelt. Sie ermöglicht einerseits vielen Menschen, insbesondere Frauen die Teilnahme am Erwerbsleben, andererseits können durch die hohe Flexibilität dieser Arbeitsform Auftragsspitzen der Wirtschaft besser bewältigt werden.

Als Heimarbeiterin oder Heimarbeiter gilt, wer in selbst gewählter Arbeitsstätte (eigene Wohnung oder selbst gewählte Betriebsstätte) allein oder mit seinen Familienangehörigen im Auftrag von Gewerbetreibenden oder Zwischenmeistern erwerbsmäßig arbeitet, jedoch die Verwertung der Arbeitsergebnisse unmittelbar oder mittelbar den Auftrag gebenden Gewerbetreibenden überlässt.

Der Gesetzgeber hat die in Heimarbeit Beschäftigten wegen der wirtschaftlichen und sozialen Spezifika unter einen besonderen Schutz gestellt und über das Heimarbeitsgesetz (HAG) vor allem Regelungen zur Vergütung (Stück- bzw. Stundenentgelte, Sonderzahlungen), zur sozialen Absicherung (Krankheit, Kurzarbeit, Kündigung, Insolvenz etc.) sowie zum Arbeitsschutz getroffen.

Nach § 29a HAG[67] ist die ordentliche Kündigung des Beschäftigungsverhältnisses eines in Heimarbeit beschäftigten Mitglieds eines Betriebsrats oder einer Jugend- und Auszubildendenvertretung unzulässig. Nach Beendigung der Amtszeit ist eine ordentliche Kündigung innerhalb eines Jahres, jeweils vom Zeitpunkt der Beendigung der Amtszeit an gerechnet, unzulässig. Die ordentliche Kündigung eines in Heimarbeit beschäftigten Mitglieds eines Wahlvorstands ist vom Zeitpunkt seiner Bestellung an, die Kündigung eines in Heimarbeit beschäftigten Wahlbewerbers vom Zeitpunkt der Aufstellung des Wahlvorschlags an jeweils bis zur Bekanntgabe des Wahlergebnisses unzulässig. Innerhalb von sechs Monaten nach Bekanntgabe des Wahlergebnisses ist die ordentliche Kündigung unzulässig.

Wird die Vergabe von Heimarbeit eingestellt, so ist die Kündigung der in Heimarbeit beschäftigten Arbeitnehmervertreter, des Wahlvorstandes und der Wahlbewerber frühestens zum Zeitpunkt der Einstellung der Vergabe zulässig, es sei denn, dass die Kündigung zu einem früheren Zeitpunkt durch zwingende betriebliche Erfordernisse bedingt ist.

[67] Heimarbeitsgesetz v. 14.03.1951 (BGBl I, 191) zuletzt geändert d. VO. v. 31.10.2006 (BGBl. I S. 2407)

21 Nachweis der Arbeitsbedingungen

Der Arbeitgeber ist verpflichtet, die wesentlichen Vertragsbedingungen in einer Niederschrift festzulegen, die Niederschrift zu unterzeichnen und diese spätestens einen Monat nach dem vereinbarten Beginn des Arbeitsverhältnisses dem Arbeitnehmer auszuhändigen. Die Niederschrift muss gem. § 2 I Nr. 10 NachwG[68] u.a. einen in allgemeiner Form gehaltenen Hinweis auf die Tarifverträge, Betriebs- und Dienstvereinbarungen, die auf das Arbeitsverhältnis anzuwenden sind, enthalten. Die Angaben über Arbeitsentgelt, Arbeitszeit, Urlaub, Kündigungsfristen (§ 2 I S. 2 Nr. 6 - 9 NachwG) und über Währung und zusätzliches Arbeitsentgelt (§2 II Nr. 2 und 3 NachwG) können durch Verweisung auf einschlägige Tarifverträge sowie Betriebs- und Dienstvereinbarungen, die den Inhalt des Arbeitsverhältnisses bezüglich der aufgeführten Punkte bestimmen, ersetzt werden.

Ändern sich im Verlauf des Arbeitsverhältnisses wesentliche Vertragsbedingungen, muss der Arbeitgeber die Neuerungen spätestens einen Monat nach der Änderung dem Arbeitnehmer schriftlich mitteilen. Einer Mitteilung bedarf es jedoch nicht bei einer Änderung der gesetzlichen Vorschriften, Tarifverträge, Betriebs- oder Dienstvereinbarungen, die für das Arbeitsverhältnis gelten (§ 3 NachwG).

Der oben genannte Hinweis auf die Betriebs- und Dienstvereinbarungen ist auch bei Auszubildenden gem. § 4 I Nr. 9 BBiG[69] in der Vertragsniederschrift des Berufsausbildungsvertrages aufzunehmen.

---

[68] Gesetz über den Nachweis der für ein Arbeitsverhältnis geltenden wesentlichen Bedingungen (Nachweisgesetz - NachwG) v. 20.07.1995 (BGBl. I 946), zuletzt geändert d. G. v. 13.07.2001 (BGBl. I S. 1542)

[69] Berufsbildungsgesetz v. 14.08.1969 (BGBl. I 1112), zuletzt geändert d. G. v. 07.09.2007(BGBl. I S. 2246)

22 Privatisierung

Mit der Postreform II wurde die ehemalige Deutsche Bundespost in drei Aktiengesellschaften (Post, Telekom und Postbank) umgestaltet. Die Privatisierung dieser bundeseigenen Unternehmen erforderte Regelungen hinsichtlich der Geltung des Betriebsverfassungsgesetzes und der betrieblichen Interessenvertretung der Beamten. Durch das Postpersonalrechtsgesetz[70] wurde in § 24 festgelegt, dass in den drei Aktiengesellschaften (Deutsche Telekom AG, Deutsche Post AG und Postbank) nach deren Eintragung in das Handelsregister das Betriebsverfassungsgesetz Anwendung findet, soweit in diesem Gesetz nichts anderes bestimmt ist.

Die bei den Aktiengesellschaften beschäftigten Beamten gelten für die Anwendung des Betriebsverfassungsgesetzes als Arbeitnehmer. Soweit das Betriebsverfassungsgesetz und die dazu erlassenen Wahlordnungen zwischen Arbeitern, Angestellten und leitenden Angestellten unterscheiden und das Gesetz nichts anderes bestimmt, sind die Beamten diesen Gruppen entsprechend ihrer jeweiligen Beschäftigung zuzuordnen. Bestimmte Rechte des Personalvertretungsgesetzes gelten fort (§§ 28, 29). Dem Gesamt- und Konzernbetriebsrat muss ein Vertreter der Beamten angehören, der nicht gegen die Mehrheit der Vertreter der Beamten bestimmt werden kann. Dieser Vertreter hat in Angelegenheiten, die die Beamten betreffen, ein seiner Vertretung entsprechendes Stimmrecht.

Hinsichtlich der Privatisierung der Deutschen Bundesbahn sei auf das Gesetz vom 27. Dezember 1993 verwiesen[71]. Nach § 19 I DBGrG gelten Beamte für die Anwendung des Betriebsverfassungsgesetzes als Arbeitnehmer der Deutsche Bahn AG.

Soweit die Deutsche Bahn Aktiengesellschaft Verpflichtungen, die ihr nach dem Betriebsverfassungsgesetz obliegen, deshalb nicht erfüllen kann, weil sie nicht Dienstherr der ihr zugewiesenen Beamten ist, treffen diese Verpflichtungen das Bundeseisenbahnvermögen (§19 II DBGrG).

---

[70] Gesetz zum Personalrecht der früheren Deutschen Bundespost (Postpersonalrechtsgesetz - PostPersRG) v. 14.07.1994 (BGBl. I 2325), zuletzt geändert d. VO v. 31.10.2006 (BGBl. I S. 2407)

[71] Gesetz über die Gründung einer Deutschen Bahn Aktiengesellschaft (Deutsche Bahn Gründungsgesetz - DBGrG) v. 27.12.1993 (BGBl. I 2378)

23 Rentenversicherung

Nach § 85 Sozialgesetzbuch (SGB VI)[72] erhalten Versicherte für ständige Arbeiten unter Tage besondere Entgeltpunkte (Leistungszuschlag). Ständige Arbeiten unter Tage sind solche Arbeiten nach dem 31. Dezember 1967, die nach ihrer Natur ausschließlich unter Tage ausgeübt werden.

Den ständigen Arbeiten unter Tage werden gem. § 61 II Nr. 3 SGB VI die Arbeiten als Betriebsratsmitglied gleichgestellt, wenn das Mitglied des Betriebsrats bisher ständige Arbeiten unter Tage oder gleichgestellte Arbeiten ausgeübt hat und im Anschluss dran wegen der Betriebsratstätigkeit von diesen Arbeiten freigestellt wurde. Hierdurch sollen Nachteile für geleistete Betriebsratstätigkeiten vermeiden werden.

[72] Sozialgesetzbuch (SGB) Sechstes Buch (VI) - Gesetzliche Rentenversicherung – i. d. F. v. 19.02.2002 (BGBl. I S. 754), zuletzt geändert d. G. v. 5.12.2006 (BGBl. I S. 2748)

24 Schwerbehinderte

Schwerbehinderte genießen durch das Sozialgesetzbuch IX[73] einen besonderen Schutz und eine besondere Förderung im Arbeitsleben.

24.1 Stellungnahme im Rahmen des Kündigungsverfahrens

Zur Kündigung eines Schwerbehinderten ist die Zustimmung des zuständigen Integrationsamtes erforderlich. Dieses holt gem. § 87 II SGB IX u.a. eine Stellungnahme des Betriebs- oder Personalrates hierzu ein.

24.2 Förderung der Eingliederung Schwerbehinderter

Der Betriebsrat hat gem. § 93 SGB IX die Eingliederung Schwerbehinderter zu fördern. Er hat insbesondere darauf zu achten, dass die dem Arbeitgeber obliegenden Verpflichtungen erfüllt werden. Zur Förderung und Eingliederung Schwerbehinderter treffen den Betriebsrat besondere Pflichten. Nach § 99 SGB IX arbeiten Arbeitgeber, Beauftragte des Arbeitgebers, Schwerbehindertenvertretung und Betriebsrat zur Eingliederung Schwerbehinderter in den Betrieben eng zusammen. Sie, die mit der Durchführung dieses Gesetzes beauftragten Stellen und die Rehabilitationsträger unterstützen sich gegenseitig bei der Erfüllung ihrer Aufgaben.

24.3 Betriebsvereinbarungen zugunsten der Schwerbehinderten

§ 95 I Nr. 1 SGB IX verpflichtet die Schwerbehindertenvertretung zur Überwachung der Durchführung der Bestimmungen, die zugunsten der Schwerbehinderten gelten. Gemeint sind hierbei nicht nur Normen, die sich spezifisch mit Schwerbehinderten befassen, sondern allgemein alle Normen (Betriebsvereinbarungen), die zugunsten der Schwerbehinderten wirken.

---

[73] Sozialgesetzbuch (SGB) Neuntes Buch (IX) – Rehabilitation und Teilhabe behinderter Menschen – vom 19.06.2001 (BGBl. I S. 1046), zuletzt geändert d. G. v. 18.12.2007 (BGBl. I S. 2984)

24.4 Teilnahmerecht an Betriebsratssitzungen

Die Schwerbehindertenvertretung kann gem. § 95 IV SGB IX an allen Sitzungen des Betriebsrates beratend teilnehmen und beantragen, Angelegenheiten, die einzelne Schwerbehinderte oder die Gruppe der Schwerbehinderten besonders betreffen, auf die Tagesordnung der nächsten Sitzung zu setzen. Die Schwerbehindertenvertretung kann die Aussetzung eines Beschlusses des Betriebsrates beantragen, wenn sie der Meinung ist, Interessen der Schwerbehinderten seien erheblich beeinträchtigt oder wenn sie erst gar nicht beteiligt wurde. Die Dauer der Aussetzung beträgt eine Woche, im übrigen gelten die Vorschriften des BetrVG entsprechend.

Der Vertrauensmann oder die -frau der Schwerbehinderten ist berechtigt, an Sitzungen des Wirtschaftsausschusses teilzunehmen. Darüber hinaus ist die Schwerbehindertenvertretung zu Besprechungen zwischen Arbeitgeber und Betriebsrat und dessen Ausschüssen nach § 74 I BetrVG (monatliche Besprechungen) hinzuzuziehen. Sie kann beratend auch an Sitzungen gemeinsamer Ausschüsse des Betriebsrates und des Arbeitgebers i.S.d. § 28 III BetrVG (Übertragung von Aufgaben auf weitere Ausschüsse) teilnehmen.

24.5 Schwerbehindertenversammlungen

Die Schwerbehindertenvertretung hat das Recht zur Durchführung von Versammlungen der Schwerbehinderten des Betriebs. §§ 42 ff. BetrVG über Einberufung, Leitung, Nichtöffentlichkeit, Teilnahmerecht, Zeitpunkt, Regelung des Verdienstausfalls und Aufgaben der Versammlung sind gem. § 95 VI SGB IX entsprechend anwendbar.

24.6 Wahl der Schwerbehindertenvertretung

Ist in dem Betrieb oder der Dienststelle eine Schwerbehindertenvertretung nicht vorhanden, werden der Wahlvorstand und dessen Vorsitzender in einer Versammlung der Schwerbehinderten und Gleichgestellten (Wahlberechtigte) gewählt. Zu dieser Versammlung können gem. § 1 II WOSchwbG[74] drei Wahlberechtigte oder der Betriebs- oder Personalrat einladen. Spätestens acht Wochen vor Ablauf ihrer Amtszeit lädt die Schwerbehindertenvertretung die Wahlberechtigten durch Aushang oder

[74] Erste Verordnung zur Durchführung des Schwerbehindertengesetzes (Wahlordnung Schwerbehindertengesetz - SchwbVWO) i. d. F. v. 23.04.1990 (BGBl I, 811), g.d.G.v. 19.07.2001 (BGBl I S. 1046)

sonst in geeigneter Weise für die Vorbereitung der Wahl zu einer Wahlversammlung ein. Besteht keine Schwerbehindertenvertretung, so kann gem. § 19 WOSchwbG u.a. der Betriebsrat zu einer solchen Versammlung einladen. Die Bekanntgabe des Wahlergebnisses des Vertrauensmannes oder der Vertrauensfrau erfolgt wie bei der Wahl des Betriebsrates. Nur hat in diesem Fall der Wahlvorstand gem. § 15 WOSchwbG auch dem Betriebsrat das Wahlergebnis bekannt zu geben.

24.7 Werkstätten für behinderte Menschen

Die Werkstätten für behinderte Menschen sind Einrichtungen zur Teilhabe behinderter Menschen am Arbeitsleben und zur Eingliederung in das Arbeitsleben. Die Interessenvertretung der behinderten Menschen nehmen Werkstatträte wahr.

Die Werkstätten für behinderte Menschen haben den Auftrag, Wahlen für Werkstatträte nach einem einheitlichen Verfahren durchzuführen (vgl. § 12, Abs. 1 WMVO)[75]. Der Werkstattrat kann u.a. ein Mitglied des Betriebs- oder Personalrats oder einer sonstigen Mitarbeitervertretung zu seinen Sitzungen hinzuziehen (§ 33 II WMVO).

---

[75] Werkstätten-Mitwirkungsverordnung (WMVO) vom 25.06.2001 (BGBl. I S. 1297)

25 Seeschifffahrt

Die Dienstverhältnisse der Besatzung von Handelsschiffen, die nach dem Flaggenrechtsgesetz die Bundesflagge führen, werden durch das Seemannsgesetz[76] geregelt.

25.1 Heuerschein

Der Reeder ist verpflichtet, den wesentlichen Inhalt des Heuerverhältnisses in eine zu unterzeichnende Urkunde (Heuerschein) aufzunehmen und diese dem Besatzungsmitglied auszuhändigen. In den Heuerschein sind gem. § 24 I SeemG u.a. der Hinweis auf anwendbare Tarifverträge und Betriebs- oder Bordvereinbarungen aufzunehmen. Nach Abs. 3 brauchen die dort genannten Bestimmungen nicht in den Heuerschein aufgenommen zu werden, sondern können durch einen Hinweis auf entsprechende Regelungen in Tarifverträgen sowie Betriebs- und Bordvereinbarungen ersetzt werden. Änderungen sind dem Besatzungsmitglied gem. Abs. 5 nur insoweit mitzuteilen, als sie nicht die durch Verweis einbezogenen Tarifverträge, Betriebs- oder Bordvereinbarungen und gesetzlichen Vorschriften betreffen.

25.2 Arbeitszeit

Nach § 89 I SeemG kann der Kapitän eine Verlängerung der gesetzlich normierten täglichen Arbeitszeit (§§ 85 -87 SeemG) in dringenden Fällen anordnen. Gem. § 89a I SeemG kann dies auch durch eine Betriebsvereinbarung für andere Fälle geschehen, u.z. bis zu zwei Stunden täglich. Im Betrieb eines nicht tarifgebundenen Reeders kann eine abweichende tarifvertragliche Bestimmung durch Betriebs- oder Bordvereinbarung übernommen werden, sofern die Anwendung des gesamten Tarifvertrags vereinbart wird (§ 89a II SeemG).

25.3 Arbeitszeit für Jugendliche

Nach § 96 SeemG gelten für Jugendliche die Vorschriften über die See- und Hafenarbeitszeit mit der Abweichung, dass sie nicht mehr als 8 Stunden täglich und nicht mehr als 40 Stunden wöchentlich beschäftigt werden dürfen. Im Hafen dürfen Jugendliche gem. § 100 II SeemG nur an fünf

---

[76] Seemannsgesetz (SeemG) v. 26.07.1957 (BGBl II, 713), zuletzt geändert d. VO. v. 31.10.2006 (BGBl. I S. 2407)

Tagen in der Woche beschäftigt werden. Gem. § 100a I, II SeemG kann auf Grund eines Tarifvertrages in einer Betriebs- oder Bordvereinbarung hiervon abgewichen werden; die Ruhepause bis zu 15 Minuten gekürzt und die Lage der Pausen bestimmt werden. Gem. § 100 a I Nr. 3 SeemG kann auf Grund eines Tarifvertrages in einer Betriebs- oder Bordvereinbarung für einmal in der Woche eine Beschäftigung von 20 - 24 Uhr vorgesehen werden. Im Betrieb eines nicht tarifgebundenen Reeders kann gem. § 100a II SeemG durch Betriebs- oder Bordvereinbarung eine abweichende tarifvertragliche Regelung übernommen werden.

25.4 Fischereifahrzeuge

Die für die Seeschifffahrt geltenden heuerrechtlichen Vorschriften des 3. Abschnitts und die arbeitszeitrechtlichen Bestimmungen können gem. § 140 I SeemG auf Grund eines Tarifvertrages in einer Betriebs- oder Bordvereinbarung abweichend geregelt werden. Gem. § 141 SeemG gilt § 140 I - III SeemG sinngemäß für die Besatzungsmitglieder von Fahrgastschiffen, Fährschiffen, Förderschiffen und Schiffen des Seebäderverkehrs.

26 Sozialversicherungswahlen

Die Sozialversicherungsträger sind Körperschaften des öffentlichen Rechts mit Selbstverwaltung. Für die Mitwirkung der Versicherten und Arbeitgeber wird bei jedem Versicherungsträger ein Verwaltungsrat gewählt. Diese Wahlen finden einheitlich - und bei jedem Versicherungsträger - alle sechs Jahre statt.

26.1 Durchführung der Wahl

Zur Durchführung der Sozialversicherungswahlen werden als Wahlorgane Wahlbeauftragte, Wahlausschüsse und Wahlleitungen gebildet (§ 53 SGB IV)[77]. Einzelheiten über die Wahlorgane und ihre Aufgaben ergeben sich aus der Wahlordnung (SVWO)[78]. Findet eine Wahlhandlung statt, sieht § 54 SGB IV Aufgaben der Arbeitgeber vor. Wird vom Wahlausschuss beschlossen, dass Wahlunterlagen nicht übersandt, sondern ausgehändigt werden, hat der Arbeitgeber besondere Vorkehrungen zu treffen, dass die Wahlberechtigten ihre Stimmzettel unbeobachtet kennzeichnen können. Bezüglich der hier zu treffenden Maßnahmen muss dem Betriebsrat eine Gelegenheit gegeben werden, sich zu äußern (§ 54 II SGB IV).

26.2 Wahlunterlagen

Die Wahlberechtigten wählen mit den ihnen ausgehändigten Wahlunterlagen (§ 55 SGB IV). Verpflichtet, Wahlunterlagen auszustellen und sie den Wahlberechtigten auszuhändigen, sind die in § 55 II SGB IV genannten Stellen, wozu auch die Arbeitgeber im Einvernehmen mit dem Betriebsrat gehören.

---

[77] Sozialgesetzbuch (SGB) Viertes Buch (IV)- Gemeinsame Vorschriften für die Sozialversicherung i. d. F. v. 23.01.2006 (BGBl. I S. 85), zuletzt geändert d. G. v. 28.05.2008 (BGBl. I S. 874)

[78] Wahlordnung zu den Sozialversicherung (SVWO) i. d. F. v. 28.07.1997 (BGBl I 1946), zuletzt geändert durch VO. v. 31.10.2006 (BGBl. I S. 2407)

27 Sprecherausschuss

Das Gesetz über Sprecherausschüsse (SprAuG)[79] der leitenden Angestellten regelt die Vertretung der leitenden Angestellten in Betrieben, die mehr als zehn leitende Angestellte haben.

27.1 Betriebsvereinbarungen

Der Arbeitgeber hat gem. § 2 I SprAuG vor Abschluss einer Vereinbarung mit dem Betriebsrat den Sprecherausschuss anzuhören, wenn Interessen der leitenden Angestellten hiervon betroffen werden. Sprecherausschuss und Betriebsrat können sich gegenseitig das Recht einräumen, an Sitzungen des jeweils anderen Organs teilzunehmen. Des weiteren ist gem. Abs. II eine gemeinsame Sitzung des Sprecherausschusses und des Betriebsrats pro Kalenderjahr vorgesehen.

27.2 Wahlen zum Sprecherausschuss

Die regelmäßigen Wahlen des Sprecherausschusses finden alle vier Jahre statt. Sie sind zeitgleich mit den regelmäßigen Betriebsratswahlen in der Zeit vom 1. März bis 31. Mai durchzuführen und nach § 13 I BetrVG einzuleiten, § 5 I SprAuG.

27.3 Durchführung des Sprecherausschussgesetzes

§ 5 I SprAuG und § 13 I BetrVG verpflichten den Wahlvorstand, die regelmäßigen Wahlen zum Betriebsrat und Sprecherausschuss zeitgleich einzuleiten. Damit ist es erforderlich geworden, die zur jeweiligen Arbeitnehmervertretung wahlberechtigten und wählbaren Angestellten so gegeneinander abzugrenzen, dass die Doppelvertretung ein und desselben Angestellten durch beide Vertretungsorgane ausgeschlossen wird. Gem. § 18a BetrVG ist für die richtige Zuordnung ein bestimmtes Verfahren vorgeschrieben.

---

[79] Gesetz über Sprecherausschüsse der leitenden Angestellten (Sprecherausschußgesetz - SprAuG) v. 20.12. 1988 (BGBl I, 2312), zuletzt geändert d. VO. v. 31.10.2006 (BGBl. I S. 2407)

27.4 Zuordnung der leitenden Angestellten

Nach § 4 WOSprAuG[80] hat der Wahlvorstand über Einsprüche unverzüglich zu entscheiden. Der Einspruch ist ausgeschlossen, soweit er darauf gestützt wird, dass die Zuordnung nach § 18a BetrVG fehlerhaft erfolgt sei. Dies gilt nicht, soweit die nach § 18a BetrVG am Zuordnungsverfahren Beteiligten die Zuordnung übereinstimmend für offensichtlich fehlerhaft halten.

[80] Erste Verordnung zur Durchführung des Sprecherausschußgesetzes (Wahlordnung zum Sprecherausschußgesetz - WOSprAuG) v. 28.09.1989 (BGBl. I 1798)

28 Teilzeit- und Befristungsregelungen

Das Teilzeit- und Befristungsgesetz (TzBfG)[81] regelt das Recht der Teilzeitarbeitsverhältnisse und der befristeten Beschäftigung. Ziel des Gesetzes ist es nach seinem § 1 „Teilzeitarbeit zu fördern, die Voraussetzungen für die Zulässigkeit befristeter Arbeitsverträge festzulegen und die Diskriminierung von teilzeitbeschäftigten und befristet beschäftigten Arbeitnehmern zu verhindern“.

28.1 Teilzeitarbeit

Nach § 7 III TzBfG hat der Arbeitgeber die Arbeitnehmervertretung über Teilzeitarbeit im Betrieb und Unternehmen zu informieren, insbesondere über vorhandene oder geplante Teilzeitarbeitsplätze und über die Umwandlung von Teilzeitarbeitsplätzen in Vollzeitarbeitsplätzen oder umgekehrt. Der Arbeitnehmervertretung sind auf Verlangen die erforderlichen Unterlagen zur Verfügung zu stellen; § 92 BetrVG bleibt unberührt.

28.2 Befristungen

Gem. § 20 TzBfG hat der Arbeitgeber die Arbeitnehmervertretung über die Anzahl der befristetet beschäftigten Arbeitnehmer und ihren Anteil an der Gesamtbelegschaft des Betriebes und des Unternehmens zu informieren.

---

[81] Gesetz über Teilzeitarbeit und befristete Arbeitsverträge (Teilzeit- und Befristungsgesetz – TzBfG) v. 21.12.2000 (BGBl. I S. 1966, zuletzt geändert d. G. v. 19.04.2007 (BGBl. I S. 538)

29 Unternehmensmitbestimmung

29.1 Aktiengesellschaften

Nach § 98 II Nr. 4 und § 99 AktG[82] kann der Gesamtbetriebsrat (Betriebsrat) einen Antrag auf gerichtliche Entscheidung über die Zusammensetzung des Aufsichtsrats stellen, wenn streitig oder ungewiss ist, nach welchen gesetzlichen Vorschriften der Aufsichtsrat zusammenzusetzen ist. Er ist im Rahmen des gerichtlichen Verfahrens zu hören. Ebenso ist der Gesamtbetriebsrat (Betriebsrat) gem. § 104 AktG antragsbefugt, wenn dem Aufsichtsrat die zur Beschlussfähigkeit nötige Zahl von Mitgliedern nicht angehört. Ist ein Aufsichtsratsmitglied zu ersetzen, bei dessen Wahl die Betriebsräte ein Vorschlagsrecht hätten, so soll das Gericht nach Abs. 4 diese Vorschläge berücksichtigen.

In § 250 I AktG ist festgelegt, wann die Wahl eines Aufsichtsratsmitglieds nichtig ist. Für die entsprechende Feststellungsklage ist der Betriebsrat, der Gesamtbetriebsrat oder der Konzernbetriebsrat parteifähig. Die Wahl eines Aufsichtsratsmitglieds durch die Hauptversammlung kann durch Klage angefochten werden. Ist die Hauptversammlung an Wahlvorschläge gebunden, so kann die Anfechtung auch darauf gestützt werden, dass der Wahlvorschlag gesetzwidrig zustande gekommen ist. Gem. § 251 II AktG können neben den in § 245 AktG genannten Anfechtungsberechtigten auch die Betriebsräte die Wahl anfechten, wenn die Wahl nach dem Montan-Mitbestimmungsgesetz auf Vorschlag der Betriebsräte erfolgte.

29.2 Drittelbeteiligungsgesetz

Die Drittelbeteiligung nach dem Drittelbeteiligungsgesetz[83] ist die Form der Unternehmensmitbestimmung, von der zahlenmäßig die meisten Unternehmen betroffen sind. Die Voraussetzungen für die Unternehmensmitbestimmung nach dem Drittelbeteiligungsgesetz (DrittelbG) liegen vor, wenn eine Kapitalgesellschaft mehr als 500 Arbeitnehmer beschäftigt. Der Aufsichtsrat ist mit einem Drittel Arbeitnehmervertretern zu besetzen.

---

[82] Aktiengesetz (AktG) v. 6.09.1965 (BGBl. I 1089), zuletzt geändert d. G. v. 16.07.2007 (BGBl. I S. 1330)

[83] Gesetz über die Drittelbeteiligung der Arbeitnehmer im Aufsichtsrat (Drittelbeteiligungsgesetz – DrittelbG) vom 18.05.2004 (BGBl. I S. 974), zuletzt geändert d. G. v. 14.08.2006 (BGBl. I S. 1911)

Die Wahl eines Aufsichtsratsmitglieds oder eines Ersatzmitglieds können u.a. vom Betriebsrat beim ArbG angefochten werden (§ 11 II DrittelbG). Auf Antrag des Betriebsrates kann auch ein Aufsichtsratsmitglied vor Ablauf der Amtszeit abberufen werden (§ 12 I DrittelbG).

29.3 Mitbestimmungsgesetz 1976

29.3.1 Anfechtung der Wahl von Delegierten

Die Wahl der Delegierten eines Betriebs kann beim Arbeitsgericht gem. § 21 MitbestG[84] angefochten werden, wenn gegen wesentliche Vorschriften über das Wahlrecht, die Wählbarkeit oder das Wahlverfahren verstoßen worden und eine Berichtigung nicht erfolgt ist, es sei denn, dass durch den Verstoß das Wahlergebnis nicht geändert oder beeinflusst werden konnte. Zur Anfechtung berechtigt sind nach der abschließenden Aufzählung des § 21 II MitbestG u.a. der Betriebsrat.

29.3.2 Anfechtung der Wahl von Aufsichtsratsmitgliedern der Arbeitnehmer

Die Wahl eines Aufsichtsratsmitglieds oder eines Ersatzmitglieds der Arbeitnehmer kann gem. § 22 MitbestG beim Arbeitsgericht angefochten werden, wenn gegen wesentliche Vorschriften über das Wahlrecht, die Wählbarkeit oder das Wahlverfahren verstoßen worden und eine Berichtigung nicht erfolgt ist, es sei denn, dass durch den Verstoß das Wahlergebnis nicht geändert oder beeinflusst werden konnte. Zur Anfechtung berechtigt sind u.a. der Gesamtbetriebsrat des Unternehmens oder, wenn in dem Unternehmen nur ein Betriebsrat besteht, der Betriebsrat. Wenn das Unternehmen herrschendes Unternehmen eines Konzerns ist, der Konzernbetriebsrat. Außerdem der Gesamtbetriebsrat bzw. Betriebsrat eines anderen Unternehmens, dessen Arbeitnehmer nach diesem Gesetz an der Wahl der Aufsichtsratsmitglieder des Unternehmens teilnehmen.

29.4 Montanmitbestimmungsgesetz

Die betrieblichen Mitglieder des Aufsichtsrates werden gem. § 6 Montan-MitbestG[85] dem Wahlorgan durch die Betriebsräte der Betriebe des Unter-

---

[84] Gesetz über die Mitbestimmung der Arbeitnehmer (Mitbestimmungsgesetz - MitbestG) v. 4.5.1976 (BGBl I, 1153), zuletzt geändert d. G. v. 14.08.2006 (BGBl. I S. 1911)

[85] Gesetz über die Mitbestimmung der Arbeitnehmer in den Aufsichtsräten und Vorständen der Unternehmen des Bergbaus und der Eisen und Stahl erzeugenden

nehmens nach Beratung mit den in den Betrieben vertretenen Gewerkschaften und deren Spitzenorganisationen vorgeschlagen. Jede Spitzenorganisation der Gewerkschaften kann unter den Voraussetzungen des II gegen einen Vorgeschlagenen Einspruch bei den Betriebsräten einlegen. Im Streitfall entscheidet der Bundesminister für Arbeit und Sozialordnung endgültig über den Einspruch.

Zwei der Aufsichtsratsmitglieder werden von den Spitzenorganisationen den Betriebsräten vorgeschlagen. Das Vorschlagsrecht hängt von der Anzahl der ihnen zugehörigen Arbeitnehmer ab. Die Wahl erfolgt durch Mitglieder der Betriebsräte. In § 1 IV Montan-MitbestG ist festgelegt, dass die oben dargelegten Rechte und Pflichten der Betriebsräte vom Konzernbetriebsrat wahrgenommen werden, sofern die Voraussetzungen vorliegen.

29.5 Wahlordnung zum Drittelbeteiligungsgesetz

29.5.1 Unterrichtung über die durchzuführende Aufsichtsratswahl

Ist der Aufsichtsrat eines Unternehmens nach dem DrittelbG zu bilden, so richtet sich die Wahl der Arbeitnehmervertreter nach der Wahlordnung zum Drittelbeteiligungsgesetz. Gem. §§ 1, 24 WODirttelbG[86] muss dem Betriebsrat (den Betriebsräten) unverzüglich mitgeteilt werden, dass Vertreter der Arbeitnehmer in den Aufsichtsrat zu wählen sind und wann die Amtszeit beginnt.

29.5.2 Bildung eines Wahlvorstands durch den Betriebsrat

Nach erfolgter Mitteilung bestimmt der Betriebsrat nach § 2 IV WODrittelbG den Wahlvorstand. Nehmen die Arbeitnehmer mehrerer Betriebe an der Wahl der Vertreter der Arbeitnehmer im Aufsichtsrat teil, so obliegt die Bestellung des Wahlvorstandes gem. § 26 II WODrittelbG dem Gesamtbetriebsrat. Wenn ein solcher nicht existiert, bestellt der Betriebsrat der nach der Zahl der Wahlberechtigten größten Betriebs den Wahlvorstand. Die Mitglieder des Hauptwahlvorstandes werden vom Konzernbetriebsrat bestellt (§ 26 III WODrittelbG).

Industrie (Montan-Mitbestimmungsgesetz) v. 21.5.1951 (BGBl I S. 347), zuletzt geändert d. VO. v. 31.10.2006 (BGBl. I S. 2407)

[86] Verordnung zur Wahl der Aufsichtsratsmitglieder der Arbeitnehmer nach dem Dirttelbeteiligungsgesetz – WODrittelbG) vom 23.06.2004 (BGBl. I S. 1393)

29.5.3 Antrag auf Abberufung

Ein Antrag auf Abberufung eines Aufsichtsratsmitglieds der Arbeitnehmer ist schriftlich beim Betriebsrat (Gesamtbetriebsrat / Konzernbetriebsrat) einzureichen (§§ 32 I, 39 I WODrittebG).

29.6 Wahlordnungen zum Mitbestimmungsgesetz

29.6.1 Erste Wahlordnung Mitbestimmungsgesetz

Das Unternehmen hat gem. § 2 - 1. WOMitbestG[87] dem Betriebsrat einen Abdruck der Bekanntmachung zu übersenden, in der den Wahlberechtigten mitgeteilt wird, dass Aufsichtsratsmitglieder der Arbeitnehmer zu wählen sind. Unverzüglich nach der Bekanntmachung ist der Betriebswahlvorstand zu bilden. Dieser besteht aus drei Mitgliedern, die der Betriebsrat gem. § 5 der 1.WOMitbestG bestellt. Er kann die Zahl der Mitglieder erhöhen, wenn dies zur ordnungsgemäßen Durchführung der Wahl erforderlich ist. Nach § 23 I MitbestG kann ein Aufsichtsratsmitglied der Arbeitnehmer vor Ablauf der Amtszeit auf Antrag abberufen werden. Dieser Antrag ist gem. § 100 I - 1. WOMitbestG schriftlich beim Betriebsrat (Konzernbetriebsrat) einzureichen.

29.6.2 Zweite Wahlordnung Mitbestimmungsgesetz

Das Unternehmen hat gem. § 2 - 2. WOMitbestG[88] dem Gesamtbetriebsrat und den Betriebsräten einen Abdruck der Bekanntmachung zu übersenden, in der den Wahlberechtigten mitgeteilt wird, dass Aufsichtsratsmitglieder der Arbeitnehmer zu wählen sind. § 4 I WOMitbestG regelt die Zahl der Mitglieder des Unternehmenswahlvorstandes sowie deren Erhöhung. Die Bestellung erfolgt grundsätzlich durch den Gesamtbetriebsrat gem. § 4 IV WOMitbestG. Diese Vorschriften gelten gem. § 5 1. WOMitbestG entsprechend für den Betriebswahlvorstand. Ein Antrag auf Abberufung eines Aufsichtsratsmitglieds der Arbeitnehmer ist gem. § 107 I 2. WOMitbestG beim Gesamtbetriebsrat einzureichen.

---

[87] Erste Wahlordnung zum Mitbestimmungsgesetz (1. WOMitbestG) v. 23.6.1977 (BGBl I, 861)), zuletzt geändert d. VO v. 10.10.2005 (BGBl. I S. 2927)

[88] Zweite Wahlordnung zum Mitbestimmungsgesetz (2. WOMitbestG) v. 23.6.1977 (BGBl I, 893)), zuletzt geändert d. VO v. 10.10.2005 (BGBl. I S. 2927)

29.6.3 Dritte Wahlordnung Mitbestimmungsgesetz

Das Unternehmen hat gem. § 2 - 3. WOMitbestG[89] dem Konzernbetriebsrat, dem Gesamtbetriebsrat und den Betriebsräten einen Abdruck der Bekanntmachung zu übersenden, in der den Wahlberechtigten mitgeteilt wird, dass Aufsichtsratsmitglieder der Arbeitnehmer zu wählen sind. § 4 I - 3. WOMitbestG regelt die Zahl der Mitglieder des Hauptwahlvorstandes, sowie deren Erhöhung. Grundsätzlich bestellt der Konzernbetriebsrat gem. § 4 IV - 3. WOMitbestG die Mitglieder des Hauptwahlvorstandes. Neben dem Hauptwahlvorstand sind auch für jedes Unternehmen Unternehmenswahlvorstände und für jeden Betrieb Betriebswahlvorstände zu bilden. § 5 - 3. WOMitbestG regelt die Bestellung der Wahlvorstände des einzelnen Betriebes bei einer Aufsichtsratswahl in einem Konzern. Die vorgenannten Vorschriften sind mit der 2. Wahlordnung deckungsgleich. Nach § 23 I MitbestG kann ein Aufsichtsratsmitglied der Arbeitnehmer vor Ablauf der Amtszeit auf Antrag abberufen werden. Dieser Antrag ist gem. § 108 I - 3. WOMitbestG schriftlich beim Betriebsrat (Konzernbetriebsrat) einzureichen. Dieser hat den Wahlvorstand einzuberufen, der das Verfahren einleitet. Das Abberufungsverfahren entspricht spiegelbildlich dem Wahlverfahren.

29.7 Wahlordnung zum Mitbestimmungsergänzungsgesetz

Gem.: § 1 III WOMitbestErgG[90] hat das herrschende Unternehmen einen Abdruck der Bekanntmachung über den voraussichtlichen Beginn der Amtszeit der zu wählenden Aufsichtsratsmitglieder der Arbeitnehmer dem Konzernbetriebsrat, dem Gesamtbetriebsrat und den Betriebsräten zu übersenden. Der Hauptwahlvorstand besteht aus drei Mitgliedern. Die Arbeitnehmervertretungen, die die Mitgliedern des Hauptwahlvorstandes bestellen, können gem. § 3 WOMitbestErgG die Zahl erhöhen, wenn dies zur ordnungsgemäßen Durchführung der Wahl erforderlich ist. Der Konzernbetriebsrat bestellt die Mitglieder des Hauptwahlvorstandes. Diese Vorschriften gelten gem. §§ 4, 5 WOMitbestErgG entsprechend für den Unternehmenswahlvorstand und den Betriebswahlvorstand. Ein Aufsichtsratsmitglied der Arbeitnehmer kann vor Ablauf der Amtszeit auf Antrag

---

[89] Dritte Wahlordnung zum Mitbestimmungsgesetz (3.WOMitbestG) v. 23.6.1977 (BGBl I, 934), geändert d. VO v. 10.10.2005 (BGBl. I S. 2927)

[90] Wahlordnung zum Mitbestimmungsergänzungsgesetz v. 23.1.1989 (BGBl I, 147)

abberufen werden. Antragsberechtigt sind für die Abberufung die wahlberechtigten Arbeitnehmer bzw. die Gewerkschaft, die das Mitglied vorgeschlagen hat (§ 101 MitbestErgG). Ein Antrag auf Abberufung eines Aufsichtsratsmitglieds der Arbeitnehmer ist gem. § 101 WOMitbestErgG beim Konzernbetriebsrat einzureichen.

30 Vermögensbildung

Vermögenswirksame Leistungen können nach § 10 des 5.VermbG[91] in Verträgen mit Arbeitnehmern, in Betriebsvereinbarungen, in Tarifverträgen oder in bindenden Festsetzungen (§ 19 HAG) vereinbart werden. Nach § 11 des 5. VermbG kann in Tarifverträgen oder Betriebsvereinbarungen von den Anlagevorschriften der Absätze 3 bis 5 des § 11 - 5. VermbG abgewichen werden. Der Arbeitgeber kann für die einmalige Anlage von Teilen des Arbeitslohns mit Zustimmung des Betriebsrats oder der zuständigen Personalvertretung auch einen Termin im Kalenderjahr bestimmen, zu dem die Arbeitnehmer diese Anlage verlangen können (§ 11 IV – 5 VermbG).

---

[91] Fünftes Gesetz zur Förderung der Vermögensbildung der Arbeitnehmer (Fünftes Vermögensbildungsgesetz - 5. VermBG) v. 4.3.1994 (BGBl. I, 406), zuletzt geändert d.G.V. 21.12.2007 (BGBl. I S. 3089)

31 Wahlen zum Betriebsrat

Die Durchführung der Wahlen zum Betriebsrat obliegt dem Wahlvorstand. Dieser hat die Namen der Betriebsratsmitglieder bekanntzumachen, sobald diese endgültig feststehen (§ 18 WO)[92]. Im Zusammenhang mit den Wahlen zum Betriebsrat hat der Betriebsrat selbst keine eigenständigen Aufgaben wahrzunehmen. Erst nach Durchführung der Wahlen ist ihm die Pflicht aufgetragen worden, die Wahlakten bis zur Beendigung seiner Amtszeit aufzubewahren (§ 19 WO).

[92] Erste Verordnung zur Durchführung des Betriebsverfassungsgesetzes (Wahlordnung – WO) – BetrVGDV1WO- vom 1.12.2001 (BGBl I S. 3494), geändert durch G. v. 23.06.2004 (BGBl I S. 1393)

32 Zivildienst

Das Zivildienstgesetz (ZDG) regelt das Recht des Zivildienstleistenden sowie die Aufgaben und die Organisation des Zivildienstes.

Ein Dienstleistender begeht ein Dienstvergehen, wenn er schuldhaft seine Pflichten verletzt. Dienstvergehen können durch Disziplinarmaßnahmen geahndet werden. Dem Dienstleistenden ist vor einer entsprechenden Entscheidung Gelegenheit zu geben, sich zu äußern. Hierüber ist eine Vernehmungsniederschrift aufzunehmen, die von dem Dienstleistenden unterschrieben sein soll. Sofern kein Vertrauensmann existiert, ist gem. § 62b II ZDG[93] der Betriebs- oder Personalrat zur Person und zum Sachverhalt zu hören.

Der Vertrauensmann der Zivildienstleistenden kann an Sitzungen des Betriebs- oder Personalrats der Dienststelle beratend teilnehmen, wenn Angelegenheiten behandelt werden, die auch die Dienstleistenden betreffen (§ 3 Abs. 1 ZDVG)[94]. Ist ein Vertrauensmann nicht gewählt, so können sich die Dienstleistenden mit ihren Anliegen an den für ihre Dienststelle zuständigen Betriebs- oder Personalrat wenden. Dieser hat auf die Berücksichtigung der Anliegen, falls sie berechtigt erscheinen, bei dem Leiter des Betriebes oder der Verwaltung hinzuwirken (§ 3 Abs. 2 ZDVG).

---

[93] Gesetz über den Zivildienst der Kriegsdienstverweigerer (Zivildienstgesetz - ZDG) i. d. F. d. Bekanntmachung v. 17.05.2005 (BGBl. I S. 1346), zuletzt geändert d. G. v. 16.05.2008 (BGBl. I S. 842)

[94] Gesetz über den Vertrauensmann der Zivildienstleistenden (Zivildienstvertrauensmann-Gesetz – ZDVG) vom 16. 1. 1991 (BGBl I S. 479); zuletzt geändert d. G. v. 20.12.2001 (BGBl. I S. 4013)